LES GRANDS HOMMES DE FRANCE

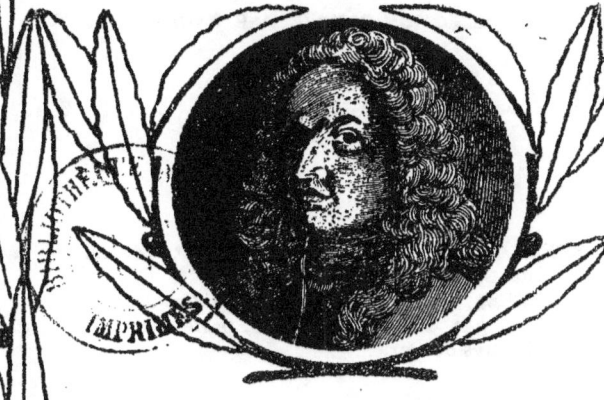

WATTEAU

PAR

GABRIEL SÉAILLES

Professeur à la Faculté des Lettres de Paris

PAYOT, PARIS

1923

Les grands hommes de France

COLLECTION DIRIGÉE PAR PAUL GAULTIER

Chaque volume in-16 . . . . 5 fr.

PARUS :

GAMBETTA, par Paul Matter, avocat général à la Cour de Cassation.
DESCARTES, par Louis de Launay, de l'Institut.
WATTEAU, par Gabriel Séailles, professeur à la Faculté des Lettres de Paris.

A PARAITRE :

PIERRE CURIE, par Mme Curie, de l'Académie de Médecine.
LAMARCK, par Edmond Perrier, ancien président de l'Académie des Sciences.
TALLEYRAND, par G. Lacour-Gayet, membre de l'Institut.
PASCAL, par Fortunat Strowski, professeur à la Sorbonne.
LACORDAIRE, par Georges Goyau, de l'Académie française.
BERNARD PALISSY, par Camille Jullian, membre de l'Institut.
RACINE, par André Bellessort, agrégé de l'Université.
LE POUSSIN, par Louis Hourticq, professeur à l'École des Beaux-Arts.
PROUDHON, par Gaston Rageot, agrégé de l'Université.
GALLIÉNI, par le général Malleterre, directeur du Musée de l'Armée.
MIRABEAU, par Louis Barthou, de l'Académie française.
LAVOISIER, par le Duc de Broglie.
BOSSUET, par l'abbé Calvet, agrégé de l'Université.
Etc., etc.

PAYOT, 106, Boulevard Saint-Germain. **PARIS**

25

WATTEAU

LES GRANDS HOMMES DE FRANCE
COLLECTION DIRIGÉE PAR PAUL GAULTIER

WATTEAU

PAR

GABRIEL SÉAILLES

PROFESSEUR A LA FACULTÉ DES LETTRES DE PARIS

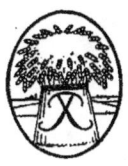

PAYOT, PARIS
106, Boulevard Saint-Germain

1923
Tous droits réservés.

Tous droits de traduction, de reproduction et d'adaptation
réservés pour tous pays.
Copyright 1923, by Payot, Paris.

WATTEAU

CHAPITRE PREMIER

LA FAMILLE DE WATTEAU. — GÉRIN, SON PREMIER MAITRE. — IL VIENT A PARIS : AU PONT NOTRE-DAME.

Watteau est un peintre, que nous aimons. Nous nous reconnaissons en lui. Par son art, la Flandre, à peine conquise, entre dans la communauté française. Il exprime du génie national la grâce, l'élégance, le rare mélange des délicatesses de l'esprit

De Julienne : *Abrégé de la Vie d'A. Watteau.* (Introduction aux figures de différents caractères) 1735 ; Gersaint : *Catalogue résumé des diverses curiosités du cabinet de feu M. Quentin de Lorangère*, 1744 ; Caylus : *La vie d'A. Watteau*, lue à l'Académie royale de Peinture et de Sculpture, le 3 février 1748 ; d'Argenville : *Abrégé de la Vie des plus grands peintres*, 1762 ; Mariette : *Abecedario* ; John W. Mollett : *Watteau*, Londres, 1863 ; E. et J. de Goncourt : *L'Art au XVIII° siècle* ; E. de Goncourt : *Catalogue raisonné de l'œuvre de Watteau*, 1875 ; R. Dohme : *Jahrbuch der Königlich Preussischen Kunstsammlungen*, 1883 ; E. Hanover : *A. Watteau*, Berlin, 1889 ; Paul Mantz : *A. Watteau*, Paris, 1892 ; Edmond Pilon : *Watteau et son École*, Bruxelles ; E. Heinrich Zimmermann : *Watteau*, Stuttgart, 1912 ; Virgile Josz : *A. Watteau, mœurs du XVIII° siècle* ; Henri Piazza, éditions d'art : *Dessins de Watteau*, cinquante dessins d'après les originaux de Chantilly, du Louvre, de Vienne, de Berlin, d'une reproduction admirable ; Camille Mauclair : *Antoine Watteau*, 1921, La Renaissance du Livre ; A. Maurel : *L'Enseigne de Gersaint*, Hachette.

et du cœur, comme Nicolas Poussin en exprima le sérieux et la grandeur.

De la vie du peintre des *Fêtes Galantes* nous savons bien peu de chose : une vie courte, de labeur continu, qui commence durement, qui s'achève dans le pressentiment d'une mort prématurée. Mais d'une vie d'artiste, ce qui nous intéresse, ce sont moins les accidents extérieurs qui, sous des formes diverses, se retrouvent en toute existence humaine, que la manière dont ils sont réfléchis en lui. Les faits n'ont de sens que dans leur rapport à l'œuvre, dont ils préparent l'intelligence.

* * *

Watteau est né à Valenciennes, le 10 octobre 1684. Emportée d'assaut par le maréchal de Villiers, en 1677, sur la fin de la guerre de Hollande, la ville n'était française que depuis quelques années. Les érudits se sont complus à rechercher les origines de la famille. Ils ont découvert dans les registres de la commune, dès 1522, un Watier Blancpain, dit Watteau — Watteau, en patois, signifie gâteau — en 1586, un Denis Watteau, mercier. Ils savent que, le 13 août 1685, le grand-père Barthélémy, bon vivant et fort buveur, a reçu dans une rixe de cabaret un formidable coup de poing qui l'a laissé à demi assommé.

Barthélémy avait eu dix enfants. L'aîné, Jean Philippe, à vingt ans, s'éprenait d'une femme de sept ans plus âgée que lui, sans doute aussi d'esprit plus subtil, et l'épousait. De ce mariage un premier fils, Jean François, naissait en 1682, et deux ans plus tard on écrivait sur les registres de Saint-Jacques : « Le 10 octobre 1684, fut baptisé Jean-Antoine, fils légitime de Jean-Philippe Watteau et de Michelle Lardenois, sa femme ».

Jean-Philippe était couvreur, non pas un simple artisan, mais un maître, que nous voyons à plusieurs reprises chargé par la ville de travaux assez importants : couverture de la petite Boucherie, de l'école domaniale, de la citadelle (Cellier). C'est la condition médiocre des petits bourgeois qui, dans ces temps difficiles, avec les lourds impôts, le passage incessant des troupes, les batailles livrées presque sous les murs, mènent une vie de dur labeur et, à force de courage, franchissent les mauvais passages.

Sur les relations d'Antoine Watteau avec sa famille, les témoignages de ses amis ne concordent pas. Caylus parle « de la dureté, qui était le trait dominant du père, dont il dépendait ». Après avoir consenti à mettre son fils en apprentissage chez un peintre, Jean-Philippe aurait regretté cette concession, refusé de « fournir plus longtemps aux frais de l'éducation et voulu contraindre le jeune homme à embrasser sa même profession ». Julienne écrit, au contraire :

« Ses parents, quoique d'une fortune et d'une condition médiocres, ne négligèrent rien pour son éducation ; ils ne consultèrent que son penchant dans le choix de la profession qu'il voulait embrasser. Comme il avait donné, dès son enfance, des marques de la disposition qu'il avait pour la peinture, son père, qui n'avait aucune connaissance de cet art, mais qui voulait seconder l'envie que son fils avait de s'y appliquer, le mit, pour apprendre les premiers principes, chez un assez mauvais peintre de la ville. » Les faits ont pu justifier ces contradictions : la bonne volonté et les malentendus vont de pair dans la vie de famille. Watteau enfant fréquente l'école. Nous savons qu'il aimait la lecture, Gersaint dit qu'il avait un bon jugement des ouvrages de l'esprit.

De faible constitution, de petite mine, Antoine ne promettait pas un robuste compagnon, Il était un peu comme un étranger dans son milieu. On ne comprenait pas ses goûts, on s'inquiétait de l'avenir. Un homme de génie, pour des parents simples, qui ignorent tout de l'art — et même pour les autres — c'est d'abord tout uniment un garçon bizarre, distrait, qui vit à sa fantaisie et sort des chemins battus au risque de s'égarer. Il est vraisemblable que le maître couvreur, sur la sollicitation de quelques amis, dont était le sculpteur Pater, consentit, non sans mauvaise humeur, à laisser son fils suivre son goût pour la peinture. Mais il garda cette défiance, cette hostilité involontaire, qui blesse si douloureusement la sensibilité de l'artiste, dont le premier besoin est d'avoir foi en lui-même.

« Le goût qu'il eut pour l'art de la peinture, dit Gersaint, se déclara dès sa plus tendre jeunesse : il profitait dans ce temps de ses moments de liberté pour aller dessiner sur la place les différentes scènes comiques que donnaient ordinairement au public les marchands d'orviétan et les charlatans qui courent le pays. »

Watteau ne parle jamais des siens, jamais il n'évoque les souvenirs de son enfance, il n'a pas laissé dans un dessin, dans une peinture, l'image de son père ni de sa mère.

Valenciennes n'était pas une ville étrangère aux arts. Les peintres y étaient assez nombreux pour former une corporation. Sur les registres nous relevons les noms d'artistes, qu'un accident parfois sauve de l'entier oubli : Jacques-Albert Gérin, Jacques Pater, le frère du sculpteur Guidé, qui fut le premier maître de Jean-Baptiste Pater, Julien Watteau, sans lien de parenté avec son illustre homonyme, qui, après un premier échec avait obtenu la maîtrise en 1693.

A l'âge de quatorze ans, Watteau fut mis en apprentissage chez le maître Jacques-Albert Gérin, peintre assez médiocre, dont Caylus et Gersaint parlent avec un grand dédain. Nous savons seulement, qu'avec quelque talent pour le dessin et la composition, il péchait par la couleur. Ses œuvres sont devenues rares. Nous connaissons de Gérin, au musée de Valenciennes, un tableau médiocre et terne : *Enfant appuyé sur une tête de mort, qui souffle des bulles de savon* ; à l'Église de Fresne, un *Moine qui adore l'Enfant-Jésus* ; dans la chapelle de l'hôpital, un *Saint Edigius qui soigne les malades*. L'Eglise Notre-Dame de Douai possède une *Adoration des Mages*, qui paraît une copie d'un tableau de l'école de Rubens. Pour compléter l'enseignement de son maître ou juger de son insuffisance, Watteau put voir dans les églises de Valenciennes quelques chefs-d'œuvre des maîtres flamands : une *Circoncision* et une *Adoration des mages* de Martin de Voss, un *Calvaire* de Janssens, une *Décollation de Saint-Jacques* de Van Dyck et la magnifique *Descente de croix* de Rubens, où la Madeleine, au pied de la croix, n'est plus revêtue de sa robe jaune d'or, mais d'une soie verte d'un ton qui mêle à sa somptuosité quelque chose de tendre et de caressant.

En 1702, Gérin, qui semble avoir été attaché à son élève, mourait. Watteau, contre le gré de son père, sans prendre son avis ni même le prévenir, résolut de venir à Paris pour se perfectionner dans son art. Ainsi, cent ans auparavant, au même âge, dans des circonstances analogues, Nicolas Poussin, à l'insu des siens, avait quitté les Andelys et déserté la maison paternelle. Depuis, aujourd'hui comme hier, bien des biographies d'artistes s'ouvrent sur le même épisode. J'ai connu et aimé plus d'un de ces audacieux, partis à la conquête d'eux-mêmes, et que la victoire a justifiés. Dix-huit ans, c'est l'heure où, entre la vie médiocre et les grandes espérances, le choix s'impose, l'heure dangereuse où, dans une sorte d'acte de foi et d'exaltation généreuse, il faut d'un coup d'audace ouvrir les portes de l'avenir.

De ce départ, de ces circonstances, les amis, comme toujours, donnent des versions différentes. En revenant sur le passé, le peintre, selon son humeur ou le tour de la causerie, sans doute variait son récit.

Plutôt que de se ranger à la profession de son père, écrit Caylus, il le quitta et vint à Paris, dans l'équipage qu'on peut s'imaginer, pour cultiver une muse qu'il chérissait sans bien la connaître.

Il quitta la maison paternelle, dit Gersaint, sans argent et sans hardes, dans le dessein de se réfugier à Paris chez quelque peintre pour y faire quelque progrès.

S'il faut en croire de Julienne, que confirme ou que reproduit d'Argenville : « Au bout de quelques années, son maître lui paraissant peu capable de remplir ses idées et de le porter jusqu'au point où il pouvait atteindre, il fit connaissance avec un autre peintre, qui se donnait pour habile dans les décorations de théâtre et qui, sur cette réputation, fut mandé en 1702 pour l'Opéra de Paris. Le jeune Watteau, qui ne désirait rien tant que se perfectionner, jugeant que le séjour de cette grande ville était le seul capable de lui procurer les moyens de s'avancer, obtint de son nouveau maître de l'y accompagner. Il travailla d'abord sous lui à ce genre d'ouvrages ; mais ce peintre qui ne réussissait pas dans ses affaires, comme il se l'était promis, fut contraint de retourner en son pays, où son élève ne jugea pas à propos de le suivre. »

De Julienne a-t-il inventé de toutes pièces cette histoire ? Gérin venait à peine de mourir, il ne peut être question d'un nouveau maître dont Watteau aurait reçu l'enseignement. Il n'est pas plus possible d'admettre qu'à Valenciennes, ville alors sans théâtre, ait pu se former et vivre un peintre habile dans la décoration d'opéra. Le plus vraisemblable est qu'il s'agit d'un peintre de passage, parisien peut-être, qui vantait ses talents et ses belles relations. Watteau, qui toujours se laisse facilement duper, jeune et crédule, aura suivi le hâbleur, qui flattait son secret désir et aura découvert trop tard, à l'arrivée, qu'il en avait été la dupe.

Ce départ clandestin, ce voyage entrepris sans argent, sans bagages, semble bien décidément s'accorder avec le récit de Caylus, contredire les phrases édifiantes du bon Julienne sur la bienveillance du maître couvreur, sur son souci de ne pas contrarier la vocation de son fils. Il nous est facile de lui faire la leçon. Nous avons sur lui l'avantage de savoir que son fils était un homme extraordinaire ; il ne le soupçonnait pas. S'il était dur aux autres, c'est sans doute qu'il était dur à lui-même. Il a montré sa bonne volonté, il a consenti à laisser Antoine quatre années durant en apprentissage chez Gérin. Le garçon a maintenant dix-huit ans et il est encore incapable de se suffire à lui-même. Il est « mal aisé dans sa fortune, il ne peut subvenir plus longtemps à ces frais » d'une éducation qui ne mène à rien. On imagine les reproches, les allusions blessantes. Humilié dans sa fierté, « fatigué déjà d'une domination qui ne convenait point à son génie libre et volontaire », Watteau rompt brusquement les liens qui l'attachaient à la maison familiale.

* * *

Bravement, comme on va à la bataille, il part pour Paris. Il arrive dans la grande ville seul, sans relations, sans appui. Il connut alors, comme tant d'autres, la vie incertaine, la demi-misère, le dur apprentissage, qui grise les faibles et trempe les forts.

Il y avait à Paris une colonie de peintres flamands. L'un d'eux, peut-être, indiqua au nouveau venu, désemparé, prêt à toutes les besognes, un de ces barbouilleurs qui entretenaient des jeunes gens à faire des copies, leur donnaient le vivre, le couvert et un maigre salaire. Il travailla d'abord chez un certain Abraham Mettayez, où il demeura quelque temps. Il dut le quitter bientôt « faute d'ouvrage » (Gersaint). Il entra alors chez un fabricant de toiles à la grosse au pont Notre-Dame. Gersaint, dont la boutique était située sur ce même pont, nous apprend ce qu'étaient ces fabriques de tableaux en séries, où de malheureux peintres, en attendant une libération qui, pour quelques-uns, ne venait jamais, se voyaient condamnés à refaire toujours le morceau dans lequel ils étaient spécialisés.

On débitait dans ce temps-là beaucoup de petits portraits et de sujets de dévotion aux marchands de province qui les achetaient à la douzaine ou à la grosse. Le peintre, chez lequel Watteau venait d'entrer, était le plus achalandé pour cette sorte de peinture, dont il faisait un débit considérable. Il avait quelquefois une douzaine de misérables élèves qu'il occupait comme des manœuvres ; le seul mérite qu'il exigeait de ses compagnons était la prompte exécution : chacun y avait son emploi. Les uns faisaient les ciels, les autres brossaient les têtes, ceux-ci les draperies, ceux-là posaient les blancs : enfin le tableau se trouvait fini quand il pouvait parvenir dans les mains du dernier.

Watteau ne fut alors occupé qu'à ces ouvrages médiocres ; il fut cependant distingué des autres parce qu'il se trouvait propre à tout, et en même temps d'expédition. Il répétait souvent les mêmes sujets ; il avait surtout le talent de rendre si bien son « saint Nicolas », qui est un saint que l'on demandait souvent, qu'on le réservait particulièrement pour lui. « Je savais, disait-il un jour, mon saint Nicolas par cœur et je me passais d'original. »

« Il s'ennuyait de ce travail désagréable et infructueux, mais il fallait vivre. Quoiqu'occupé toute la semaine, il ne recevait que trois livres le samedi et, par une espèce de charité, on lui donnait la soupe tous les jours. »

Il aurait été très malheureux si la jeunesse, que soutient une haute ambition, pouvait jamais l'être entièrement. Toute son œuvre future était comme présente et ramassée dans la force intérieure qui le tenait debout. Il gardait le courage de plaisanter avec cet humour demi-sérieux du Flamand qui rit en dedans. Parmi ses sujets, il y avait *une vieille*, d'après Gérard Dow, *qui consulte ses registres*. Sur le midi, il n'était point encore venu demander ce qu'on appelait l'original. Car la maîtresse avait grand soin de l'enfermer tous les soirs. Elle s'aperçut de sa négligence et l'appela. Elle cria plusieurs fois, toujours inutilement, pour le faire descendre du grenier où, depuis le matin, il travaillait et où, en effet, il avait fait de mémoire l'original en question. Quand elle eut bien crié, il descendit et, d'un grand sang-froid, accompagné d'un air doux qui lui était naturel, il le lui demanda, dit-il, pour y placer les lunettes ». (Caylus).

Sa consolation était de travailler à sortir de cet esclavage. « Tous les moments de liberté dont il pouvait jouir, les fêtes, les nuits mêmes, il les employait à dessiner d'après nature. » Contre les apparences, il a trouvé dans ce travail servile l'occasion d'acquérir ou de développer les qualités précieuses qui feront sa maîtrise. Il a pris là cette décision, cette souplesse de main, « cette prompte exécution », qui en dix années lui a permis de multiplier les chefs-d'œuvre. Surtout à reproduire de souvenir et sans modèle les tableaux dont on lui imposait la copie, il a fait, sans même y songer, l'éducation de sa mémoire pittoresque. Son exemple est la meilleure preuve de ce qu'apporte cette discipline à l'artiste créateur. Il a le don de voir ce qu'il imagine. Il porte en lui les belles dames, les flûtistes, les danseurs, tous les personnages du petit monde qu'il crée ; il les sait par cœur, comme son « saint Nicolas », et, au gré de sa fantaisie, il les pose et les groupe dans le décor qu'ils animent. Mais c'est là aussi sans doute qu'il s'est habitué « à une certaine malpropreté de pratique », qui a beaucoup nui à la conservation de ses tableaux. Il nettoyait rarement sa palette et était souvent plusieurs jours sans la charger. Quand il se remettait au travail, il délayait ses couleurs séchées dans l'huile grasse, qu'il puisait dans un pot, sans souci des poussières qui y étaient tombées et des scories qu'il y avait mêlées au cours des séances précédentes.

CHAPITRE II

LA RENCONTRE AVEC GILLOT. — LA BROUILLE DE L'ÉLÈVE ET DU MAITRE. — WATTEAU CHEZ AUDRAN. — VOYAGE A VALENCIENNES. — LES PEINTURES FLAMANDES.

Gillot, nous dit-on, ayant vu quelques dessins et tableaux de la main de Watteau qui lui plurent, l'invita à venir demeurer avec lui. Il est plus vraisemblable que le jeune peintre, sur la recommandation de quelque ami, alla trouver son aîné, lui demanda ses conseils et son appui. Quoi qu'il en soit, Gillot l'accueillit bien et l'employa. Cette rencontre exerça sur Watteau, sur son talent, sur sa destinée d'artiste, une influence qu'il ne faut pas méconnaître, qu'il importe de bien définir. A Gillot il a dû, si j'ose dire, la matière de son art, les sujets auxquels il s'est complu et qu'il a traités de façon à faire oublier celui qui les avait comme découverts pour lui ; mais il ne doit qu'à lui-même ce qui, en art, transfigure toute matière, à lui-même et aux leçons qu'il sut trouver dans les chefs-d'œuvre des maîtres.

Né en 1673 (mort en 1722), Gillot était de onze ans plus âgé que Watteau. Comme Diderot il était de la ville de Langres qui, sur sa hauteur, s'offre à tous les vents de la plaine. Il a l'inquiétude, le mouvement, la curiosité, la fantaisie que le philosophe attribue à des compatriotes. « la tête d'un Langrois est sur ses épaules, comme un coq d'église au haut d'un clocher et elle n'est jamais fixée dans un point pour s'y arrêter ». Cette vivacité ne va pas sans quelque chose de hâtif et de superficiel. Gillot se porte en tous sens, mais, quelque sujet qu'il aborde, mythologique, religieux, moral même, il mêle à tout un art de théâtre, une verve de ballet et d'opéra.

Il inaugurait cet art du xviiie siècle, intimement lié à la vie, préoccupé de tout ce qui peut l'embellir ; il dessinait des costumes de théâtre ou de carnaval, des modèles de tapisserie, il brossait des décors, illustrait des livres, ornait de peinture les meubles, les tables de clavecin, les panneaux, les dessus de portes. Il peint des *Fêtes de Pan*, de *Faune, dieu des Forêts*, sans souci de l'antique, des *Kermesses de satyres et de nymphes*, toute une mythologie joyeuse, lâchée et familière, qu'une transition insensible relie aux mascarades de la comédie italienne. En 1710, il est admis comme « agréé » par l'Académie Royale sur la présentation d'un tableau, dont il emprunta le sujet au roman de Cervantès : *La Veillée d'armes de Don Quichotte*. Dans les toiles où il peint les *Passions* ; — richesse, jeu, amour, guerre, — il fait jouer la comédie humaine par des Faunes aux pieds fourchus, au nez camus et cassé, qu'il habille drôlement de casques, de cuirasses à l'antique.

Dans l'ornement, il abandonne le grand style Louis XIV, raide, majestueux, dont J. Berain, qui dessine les décors et les habits pour l'Opéra jusqu'en 1711, est un des derniers représentants ; il laisse la géométrie des lignes régulières, ce qu'elle a de froid et d'abstrait ; il brise et varie le rythme. Il fait courir des filets légers, courbe et recourbe des rinceaux, anime ses arabesques de plantes, de feuillages, de singes et d'oiseaux ; au centre ordonne une petite scène, une pastorale, une figure allégorique, des bergers, des dieux, des amours et des nymphes. Dans la peinture ornementale Watteau restera jusqu'au bout le disciple de Gillot. Il adoptera le même genre de composition, il dessinera les mêmes figures dans les mêmes encadrements, il ne fera que porter à sa perfection ce système de décoration qui se pose mobile et légère sur la blancheur des murs.

Nous connaissons surtout de Gillot ses gravures, ses dessins, ses croquis. S'il grave la *Vie de Notre-Seigneur Jésus-Christ*, il chiffonne les draperies, agite Jésus et les Apôtres, confond les anges avec les amours, installe des femmes en décolleté aux noces de Cana, et, sans le vouloir, semble traduire le récit évangélique en gestes de comédiens qui brûlent les planches. Son livre des *Scènes comiques* déroule dans des décors des scènes qui semblent empruntées aux pièces du répertoire.

Nous voyons là dans leurs ébats les masques de la *Commedia dell' Arte* Pierrot, Mezzetin, Colombine, le Docteur Scaramouche, parfois un seul personnage étudié pour lui-même, Arlequin soupirant, riant, pleurant.

Un dessin du Louvre, un croquis rapide donne assez bien l'idée de sa verve comique : devant une auberge, que signalent son enseigne et son rameau roussi par la poussière et le soleil, Arlequin, le héros de la poltronnerie, est assis sur un tambour, la mandoline à la main ; sa sérénade vient d'être brusquement interrompue, Pierrot gravement l'admoneste et, à ses côtés, debout, deux spadassins, l'un, flamberge au vent, l'autre, la main sur l'épaule du musicien penaud qui rumine, pour échapper, quelque tour de sa façon.

J'ai eu la bonne fortune de découvrir dans une collection particulière (M. Bohler), un tableau, qui doit être un des chefs-d'œuvre du petit-maître. C'est une scène du théâtre de la foire. Gourmand, lâche, rusé, cynique, Arlequin entre dans tous les rôles que la fortune ici-bas fait jouer à ses semblables ; il est ministre, empereur de la lune, roi de Serendib (Lesage, 1713), sans cesser d'être lui-même. Le tableau représente un épisode de cette royauté d'Arlequin.

Le décor est charmant. Au premier plan, avançant dans l'eau du bassin qu'elle alimente, s'étend sur presque toute la longueur du tableau une fontaine de structure massive que décore à chaque extrémité un lion plus symbolique que réel, qui crache l'eau dans une large vasque. Du bassin quelques marches élèvent jusqu'à la terrasse du parc. Les ramures et les feuillages montent jusqu'au ciel qui, çà et là, transparaît. L'empereur des Arlequins s'avance dans un carrosse découvert, de style baroque, que péniblement traînent deux esclaves robustes, le corps jeté en avant, les muscles tendus, sous le fouet du cocher qui les guide. Un laquais se tient debout à l'arrière ; un favori ou un ministre est assis sans façon de côté, les jambes pendantes. Monté sur les coussins, l'empereur, le buste en avant, la main droite au chapeau, fait un geste de salut, tandis qu'auprès de lui, l'éventail entre les doigts, l'impératrice avec dignité tourne la tête vers les spectateurs. En avant du carrosse, un arlequin dansant se penche vers une dame dont il entoure les épaules ; en arrière, un autre, la jambe tendue, le torse courbe, les mains suppliantes, sollicite les faveurs d'une belle indifférente ; plus loin, une héroïne, dans une attitude de défense, la main prête à la gifle, repousse les propos d'un galant au noir visage. Sur les marches, au premier plan à droite, un Arlequin menace de sa botte un adversaire renversé ; à gauche, un grand disloqué cause avec deux dames dont l'une, étendue, plonge les mains dans la vasque d'eau fraîche ; près d'eux, un compère en gaîté chevauche le lion pacifique qu'il tient par les oreilles.

Le tableau a un peu le décousu des pièces de la foire, où les tours des acrobates se mêlent aux lazzis et aux chansons. On ne sait à qui l'empereur destine son salut et ses grâces. Les groupes sont disposés symétriquement de chaque côté du carrosse et de la fontaine, mais chacun joue son rôle sans souci des autres. L'éclairage a quelque chose de conventionnel, comme au théâtre. Une grande lampe fixée à la voiture royale éclaire la promenade nocturne et, du centre qu'elle illumine, rayonne en s'atténuant. Mais, dans la pénombre, la couleur reste chaude et, sur ce fond soutenu les tons des costumes bizarres, des robes de femmes jouent avec délicatesse. Quand on insiste, quand on regarde avec attention les personnages, on comprend le jugement sévère qu'ont porté sur l'artiste les critiques du xviiie siècle. Il évite les visages. Sur vingt personnages, il n'y a que trois têtes non masquées, et elles sont sans caractère. A l'exception de celle qui fait un geste de défense, les femmes ont presque toutes une raideur de poupée. Les corps des arlequins sont masqués, si j'ose dire, comme leurs visages, tant la forme, dans la justesse de la mimique, garde d'indécision. Mais, en dépit de toutes les critiques, ce tableau est l'œuvre d'un artiste. Il a, ce qui sauve tout, dans une coloration harmonieuse et chaude, la verve, la fantaisie : il charme les yeux et il amuse l'esprit. Le décor, avec ses eaux, son parc, ses beaux arbres aux ramures profondes, fait pressentir le paysage de Watteau et, dans ce décor, l'arlequinade, le jeu des corps dégingandés, assouplis par les tours, les acrobaties et la danse, nous garde une vivante image de ce théâtre de la foire dont la concurrence et le succès irritaient si fort la Comédie-Française et l'Opéra.

Gillot a initié son jeune ami à la comédie italienne, à ses types consacrés, à leurs costumes pittoresques. Lors de son arrivée à Paris, toute son œuvre en témoigne, Gillot avait suivi les représentations que la troupe donnait à l'Hôtel de Bourgogne, et il avait pu travailler pour elle. Il avait connu, fréquenté ces auteurs aimés du public. C'est lui, sans doute, qui conta à Watteau comment, le 12 mai 1697, le roi avait brutalement congédié les comédiens italiens. On leur reprochait l'indécence de leurs pièces, les « saletés » de leur dialogue improvisé, et aussi leur impertinente audace. Ne s'étaient-ils pas enhardis jusqu'à annoncer une pièce : *La fausse prude*, titre sous lequel le public s'était empressé de reconnaître Mme de Maintenon ?

Plus tard, sans doute en 1716, quand les Italiens, que Paris regrettait, furent rappelés par le Régent, Watteau devait peindre cette scène de l'expulsion, sans grand souci d'ailleurs de la réalité historique. Sur le seuil de l'Hôtel de Bourgogne, sous les yeux des gens aux fenêtres qui les suivent du regard, les comédiens, dans leur costume consacré, s'éloignent, comme s'ils joueraient une dernière pièce, avec une confusion de gestes comiques et attendris. Les costumes de la *Commedia dell' Arte* d'ailleurs, n'avaient point disparu ; on les revoyait dans les bals, dans les mascarades. A partir de 1697, les théâtres de la foire Saint-Germain, de la foire Saint-Laurent reprirent les pièces des comédiens italiens et le public courut y applaudir, dans des rôles divers, Pierrot et Colombine, Arlequin, le Docteur et Scaramouche.

Reconnaissons donc ce que Watteau doit à Gillot : « Gillot, a écrit Gersaint, a été le seul maître de Watteau ; c'est chez lui qu'il se débrouille totalement ». Il a continué, achevé tout ce que Gillot a commencé : il a combiné les mêmes éléments décoratifs, il a mis en scène les mêmes personnages, il a traité les mêmes sujets. Mais, ne l'oublions pas, quand il le quitte, il n'a pas fini son apprentissage, il n'a pas arrêté sa technique. Surtout, la fantaisie de Gillot dans ses scènes mythologiques, a quelque chose à la fois de pénible et d'outré ; quant à ses scènes de théâtre il les peint sur ses observations et sur ses souvenirs en saisissant avec bonheur les gestes vifs, les allures souples, les mouvements dansants d'acteurs qui sont aussi des mimes et des acrobates. Watteau emprunte au théâtre ses types consacrés, mais il les fait renaître de sa propre imagination, il les anime d'un sentiment nouveau et, dans une comédie de rêve dont il est le merveilleux poète, il met, au lieu de gambades et de gaudrioles, avec l'âme du printemps, quelque chose d'universel et d'humain.

L'amitié de Gillot tira Watteau du cercle des pauvres diables avec lesquels il avait vécu jusque-là. Lié avec Lamotte-Houdart, dont il avait illustré les fables, Gillot fréquentait la nouvelle école littéraire dont Fontenelle était le chef. Il entrait à la Comédie et à l'Opéra comme au théâtre de la foire ; il connaissait les auteurs et les acteurs en vogue. Il introduisit son compagnon dans ce monde mêlé. Timide, silencieux, Watteau regarde, observe et, sans le soupçonner peut-être, déjà choisit et recueille les images dont, peu à peu, se compose le rêve intérieur qui se poursuit obscurément en lui.

Par malheur, le maître et l'élève avaient une ressemblance de caractère et d'humeur qui, après les avoir rapprochés, les sépare pour jamais. Tous deux étaient ombrageux, susceptibles, Gillot, jaloux peut-être des progrès de l'élève qu'il s'était donné : la vie commune devint insupportable.

Toute la reconnaissance, écrit Caylus, que Watteau ait pu témoigner à son maître pendant le reste de sa vie s'est bornée à un profond silence. Il n'aimait pas même qu'on lui demandât des détails sur leur liaison et sur leur rupture ; car, pour ses ouvrages, il les vantait et ne laissait point ignorer les obligations qu'il lui avait.

Caractère difficile, inquiet, tourmenté, vite dégoûté des autres, toujours plus ou moins las de lui-même, mais avec une volonté de justice et une instinctive générosité, tel est Watteau.

Disons que le samedi 28 août 1717, quand, après cinq ans d'attente, Watteau présente enfin le tableau qui devait lui confirmer le titre de membre de l'Académie de peinture, parmi les signataires du procès-verbal de la séance, au-dessus du nom même de l'artiste, nous lisons celui de son ancien maître Gillot, qui assistait très rarement aux séances et ne parut ce jour-là que pour donner généreusement son suffrage à un homme que leur ancienne querelle ne l'empêchait pas d'estimer.

S'en tenant au témoignage de Caylus et de Gersaint, les historiens de l'art donnent pour la première œuvre originale de Watteau le petit tableau militaire qu'il peignit pour Sirois lors de son départ pour Valenciennes. Les critiques du XVIIIe siècle ne s'inquiétaient pas de suivre, dans son évolution, le talent d'un artiste. Plus préoccupés de l'œuvre que de l'homme, ils négligeaient les essais plus ou moins heureux, par lesquels l'artiste lentement se découvre et prend possession de lui-même. Nous sommes curieux de ce qui les laissait indifférents et dans l'œuvre du peintre, de l'écrivain, nous aimons à suivre les démarches successives de l'esprit qui la crée.

On dit que Gillot fut jaloux de son élève : comment expliquer cette jalousie, si celui-ci n'avait rien fait qui pût l'éveiller ? La vérité est que Watteau, au cours de son séjour chez Gillot et sous son influence, a peint quelques tableaux dont il lui emprunte les sujets et l'inspiration. Ces tableaux sont perdus, mais l'œuvre gravée nous en a conservé l'image. Comme son maître, dans un petit cadre, il compose des mythologies d'opéra, il met en scène les acteurs qu'il a vus s'agiter sur les tréteaux des foires de Saint-Germain et de Saint-Laurent.

L'*Enlèvement d'Europe* (Aubin, sc.) ; le *Triomphe de Cérès* (Crépy, sc.) ; le *Sommeil dangereux* (Liotard, sc.) ; *Pomone ;* un paysage qui tient du décor plus que de la nature, eau, arbres, rochers ; Europe assise sur un taureau fleuri, que près d'elle flatte une compagne abondante et mal bâtie ; dans une apothéose de théâtre des femmes nues et drapées sur un char que traînent des amours ; étendues sur un tertre deux nymphes aux chairs grasses et blondes, Vénus flamandes, sont endormies, tandis qu'un satyre camus se penche et les épie ; les *Enfants de Bacchus* (Fénard, sc.) ; les *Enfants de Silène* (Dupin, sc.) ; *Heureux âge, Age d'or,* des amours joufflus, potelés, peints de pratique dans une vague campagne, jouent avec une chèvre.

Nous pouvons juger de l'enseignement que Watteau avait reçu de son premier maître.

Gérin avait copié des tableaux de l'école d'Anvers, il avait regardé Rubens du dehors. Il avait appris à son élève ce qu'il savait lui-même, il lui avait transmis la tradition flamande, mais sans la science, sans l'art de modeler dans la lumière. Les enfants sont lourds, les corps de femmes sont comme soufflés, ils n'ont ni la fermeté dans le contour, ni la solidité dans les volumes qui leur donneraient la vraie plénitude.

Parfois, la grâce du maître se laisse pressentir dans le petit faune campé sur ses jambes poilues *(Enfants de Silène)*, dans la jeune femme qui danse, d'un beau mouvement qui la soulève.

Les *Fêtes de Pan* mêlent la mythologie d'opéra et le théâtre de la foire. Dans un paysage compliqué, où des rochers en gradins dominent un bassin, Pierrot, Arlequin et le Docteur font la musique ; à gauche et à l'écart, un couple est assis ; deux amours, des nymphes drapées et nues, dont l'une appuyée sur une urne qui s'épanche, évoquent le dieu païen dont ces singuliers officiants célèbrent les mystères. La femme, une guitare sur les genoux, et le cavalier étendu près d'elle, annoncent les héros des fêtes galantes. *Belles, n'écoutez rien ; Pour garder l'honneur d'une belle*, ce sont, dans la manière de Gillot, deux scènes empruntées au théâtre de la foire. Sur un long banc, Arlequin, avec sa mimique de clown, conte fleurette à une Colombine qui tourne la tête vers lui ; un grand Gilles, debout, tout de blanc vêtu, regarde en souriant, tandis que dans l'ombre quelque Scaramouche, les bras étendus, le visage grinçant, témoigne de sa colère jalouse. Watteau n'a pas encore sa belle aisance, il ne transfigure pas les personnages, il les peint un peu péniblement tels qu'il les a vus, avec leurs gestes d'acteurs ; mais Gillot était trop artiste pour ne pas découvrir dans le jet des plis, dans le dessin des mains et des têtes, dans tout ce que volontiers il esquivait, de quoi justifier ses inquiétudes.

* * *

« En sortant de chez Gillot, dit Caylus, Watteau dont le talent commençait à percer, fut accueilli par Audran, concierge du Luxembourg. » Claude Audran avait le titre et la charge de « concierge » du Luxembourg, ce qui, dans le langage du temps, signifie qu'il en était le conservateur. De la grande famille des Audran, le troisième, du nom de Claude, cet Audran était un habile homme qui continuait dans l'art décoratif la tradition italienne de Raphaël en ses Loges et des maîtres de Fontainebleau ; il était alors le premier décorateur pour « les grotesques ». Il employait Watteau à peindre des figures dans les encadrements de ses panneaux et de ses plafonds. En se livrant à ces travaux, sous la direction d'un homme de goût, celui-ci achevait l'éducation de son propre talent et se préparait à l'indépendance. Chez ce nouveau maître, qui était pour lui plein « d'égards et d'attentions », il rencontrait des artistes, et d'abord la famille, les Audran, mais surtout il trouvait une occasion singulièrement favorable de préparer l'œuvre qu'il était dans son destin d'accomplir. Il accumulait les images qui attendaient silencieusement l'heure de la création. Le monde élégant vivait sous ses yeux. Le palais était devenu depuis peu résidence royale. Dans le palais, dans les annexes, dans les dépendances, ducs, comtes, marquis, seigneurs et grandes dames, parasites de cour, ont obtenu des logements de la bienveillance du Roi. Ouvert au public, le jardin est une promenade aimée des Parisiens. Watteau, dont la grande passion est le dessin sur nature, au gré de sa fantaisie, note un costume, un geste, une attitude : l'*Homme appuyé*, le *Promeneur vu de face*, le *Promeneur vu de profil*, l'*Homme accoudé*, une *Femme assise*, le buste gracieusement penché, l'éventail à la main, une *Petite Fille* coiffée d'une toque, sans doute aussi ce *Carme* vigoureux, à figure brutale, et ce *Savoyard* lourdaud, qui montre sa marmotte (Figures de différents caractères). Il s'intéresse au jardin autant qu'aux figures qui l'animent. Alors, comme aujourd'hui, le soleil couchant, par les jours de splendeur, illuminait le ciel, allumait les nuages, modelait les feuillages dans leurs masses et de ses feux dorait leurs cimes mourantes. Il ne se lassait pas d'observer, de dessiner, de peindre les grands arbres du jardin du Luxembourg, « qui, brut et moins peigné que ceux des autres maisons royales, lui fournissait des points de vues infinis » (Caylus).

Il formait par ces études le paysagiste qu'il révélera dans les *Fêtes galantes*.

Il ajoutait les leçons de Rubens à celles qu'il demandait à la nature. Les tableaux qui composent l'histoire allégorique de Marie de Médicis, dans toute leur fraîcheur, sans retouches, décoraient encore la galerie pour laquelle ils avaient été peints. Il en copiait des fragments, il se pénétrait de cet art plein de franchise, de verve et de magnificence.

La grande querelle des «Poussinistes» et des «Rubenistes,» à cette date, était terminée. Félibien était mort en 1695, de Piles allait mourir en 1709; Rubens triomphait. Mais Watteau n'avait pas besoin d'être averti par les théoriciens, ni sollicité par la mode : il allait au maître d'Anvers d'instinct, par sympathie de race et de génie. Il ne cherchait pas, d'ailleurs, à surprendre un procédé, à se faire une manière du dehors et par imitation. Ses premières œuvres ne laissent pas apercevoir l'influence de Rubens ; c'est peu à peu qu'il fait passer de cette langue puissante dans son propre style ce qui convient à l'expression de sa pensée.

Désirant dessiner d'après le modèle vivant, Watteau se fit inscrire au nombre des élèves de l'Académie alors installée au Louvre. Le voyage en Italie le tentait. Il concourut pour le prix de Rome. Le 6 avril 1709, « les officiers en exercice de l'Académie » se réunissaient pour juger « les esquisses sur le champ » qu'avaient faites les candidats. Cinq peintres, dont Watteau, et deux sculpteurs, furent admis « à travailler dans les loges que l'on devait incessamment construire dans les lieux ordinaires. Le nombre des loges consacrées aux concurrents étant trop restreint, on donna deux sujets de concours, afin que ceux qui entraient en loges après les premiers ne pussent connaître à l'avance le sujet et se préparer chez eux sous les yeux et avec l'aide de leurs maîtres. Le 30 août 1709, l'Académie, réunie en assemblée générale, rendit son verdict. Elle conférait le premier prix à un certain Antoine Grison, dont nous ne savons rien de plus : il avait eu à peindre le *Retour de David à Jérusalem après la défaite de Goliath*. Watteau obtenait le second prix avec une toile représentant : *David accordant le pardon à Abigaël qui lui apporte des vivres*. Parmi les juges nous relevons les noms de Detroy, Girardon, Coysevox, de la Fosse, Coypel, Jouvenet.

Cet échec, qui peut nous paraître un accident heureux, dut être sensible au jeune artiste. Il se retrouvait, après sept ans d'efforts, toujours attaché à des besognes dont il n'avait ni l'initiative, ni l'honneur. Il résolut de se séparer d'Audran et prit le prétexte d'un voyage à Valenciennes. N'y avait-il là qu'un prétexte ? Les amis du maître, dans leurs souvenirs, simplifient les sentiments qui, à l'heure de la lutte encore incertaine, se mêlaient dans son âme troublée. Ils ne voient dans son départ que la résolution d'un artiste qui sait ce qu'il vaut et, à ses risques et périls, entend sortir de tutelle. Quand un homme s'est tiré à son honneur d'une vie dangereuse, il est bien difficile de ne pas lui prêter le pressentiment et comme l'assurance de la victoire qu'il devait remporter. La vérité est moins simple. Watteau est inquiet, découragé; il est las de la vie de Paris et de ses déboires. Il part pour Valenciennes sans bien savoir, pour essayer d'autre chose, avec l'illusion peut-être d'y trouver le bon accueil et l'emploi de ses talents.

Les temps sont durs, peu favorables aux arts ; un instant il a été question de supprimer l'École de Rome : 1709, c'est l'année terrible, dont le souvenir a traversé les siècles et est arrivé jusqu'à nous.

Aux défaites de nos armées s'était ajouté le désastre d'un hiver sans précédent.

A l'heure même où Watteau se décidait au voyage, on se battait sous les murs de Valenciennes. Il s'entêta pourtant et partit. Pour trouver l'argent qui lui manquait, il avait fait un tableau militaire : *Un détachement faisant halte.*

« Watteau cependant, écrit Gersaint, qui ne voulait pas en demeurer là, ni passer sa vie à travailler pour autrui, et qui se sentait en état d'imaginer, hasarda un tableau de genre qui représente un *Départ de Troupes* et qu'il fit à ses moments perdus. Ce tableau est un de ceux que Cochin le père a gravés. »

Il montra ce tableau à son maître.

Le sieur Audran, habile homme et en état de juger d'une belle chose, fut effrayé du mérite qu'il y reconnut, mais dans la crainte de perdre un sujet sur lequel il se reposait assez souvent pour l'arrangement et même pour la composition des morceaux qu'il avait à exécuter, il lui conseilla de ne pas passer son temps à ces sortes de pièces libres et de fantaisie. Watteau n'en fut point la dupe. (Gersaint).

Il ne savait à qui vendre son tableau.

Dans cette occasion, il eut recours à M. Spoude, peintre à peu près des mêmes cantons que lui et son ami particulier. Le hasard conduisit M. Spoude chez le sieur Sirois, son beau-père, à qui il montra ce tableau. Le prix en était fixé à soixante livres et le marché fut conclu sur le champ. Watteau vint recevoir son argent ; il partit gaiement pour Valenciennes, comme cet ancien sage de la Grèce ; c'était toute sa fortune, et assurément il ne s'était jamais vu si riche.

L'œuvre avait plu à Sirois, et il s'en alla avec la commande d'un nouveau tableau — un *Départ de Troupes*, qui devait faire pendant au premier et être payé deux cents livres[1].

* * *

C'est en collaborant avec Gillot, puis avec Audran, qu'au sortir du pont Notre-Dame Watteau fit son long et sérieux apprentissage de peintre décorateur. Durant les dernières années du règne de Louis XIV et sous la Régence, Audran est le maître qui orne les panneaux des hôtels et des châteaux, il y sème des guirlandes de fleurs, il y fait courir des rinceaux légers qui encadrent une scène le plus souvent en camaïeu.

Il fut, dit Mariette, le premier décorateur pour les grotesques ; on ne peut juger par plusieurs de ses ouvrages qui sont répandus dans différents endroits, particulièrement dans le château de Meudon, dans celui d'Anet, dans la ménagerie de Versailles et dans le château de la Muette, où il a fait des choses dignes d'admiration, plus belles et ingénieuses que tout ce qui s'était vu en France dans ce genre singulier.

---

[1] GERSAINT écrit un *Départ de Troupe* ; mais il rectifie lui-même son erreur en donnant le nom du graveur. Le seul tableau que Cochin le père ait gravé est une *Halte d'Armée*.

De même, CAYLUS, dans sa notice biographique, met le concours pour le prix de Rome après le voyage de Valenciennes.

LA PEINTURE DÉCORATIVE 35

Le récit de Gersaint nous montre le cas qu'Audran faisait de son jeune collaborateur, et le regret de science et aussi de tact artistique, s'est attaché à classer les œuvres de Watteau et à retrouver leur ordre chronologique — a fait une découverte très simple qui semble trancher le problème. Les costumes, dont sont revêtus les singes, nous reportent par leur coupe aux premières années du xviiie siècle, tout près de 1700. Les peintures de Chantilly ont donc dû être exécutées à cette époque et par le maître qui était capable à cette époque de les exécuter, par Gillot. En dépit de l'argument de Dohme sur la mode de 1700, les singeries de Chantilly ne sont pas de Gillot, elles ne sont pas de Watteau, et leur date doit être reculée jusqu'aux environs de 1740. Elles sont d'un peintre, dont nous savons bien peu de chose, Christophe Huet, dont Dargenville écrit : « Christophe Huet a peint avec succès des Chinois et des arabesques ; il est mort en 1759 ». A la date de 1741 on trouve dans les livres de comptes de la maison de Condé « un mémoire réglé à M. Huet, peintre, sur la succession de Mlle de Clermont ». Est-ce à dire que Watteau soit entièrement étranger à cette décoration ? Il était mort à la date où elle fut peinte, il est vrai, mais il y est présent parce qu'il l'inspire.

Dans les chinoiseries du château de la Muette, Watteau avait peint une fantaisiste *Adoration de la déesse Ki-Maô-Saô* : de chaque côté de la déesse, assise sur un tronc d'arbre noueux qui prend des formes de nuage et la soulève, deux fidèles à genoux, un Chinois, les moustaches pendantes, les mains en avant, un Tartare, la tête inclinée, retenant des deux mains son long bonnet pointu. Or, dans la « grande singerie », sur le panneau à droite de la porte, vous pouvez voir très exactement reproduite la scène comique qu'avait peinte Watteau, avec cette seule différence que, si la déesse reste une aimable Parisienne, ses adorateurs sont des singes, dont l'un en frac rouge retient d'ailleurs du même geste son long bonnet pointu. Je conclus que les « singeries » de Chantilly ne sont ni de Watteau ni de Gillot, qu'il est juste cependant d'associer à cette œuvre le nom du maître qui l'inspira, enfin, qu'ayant été imitées des chinoiseries de la Muette, elles peuvent être à juste titre attribuées à Christophe Huet dont on trouve le nom dans les livres de compte de la maison de Condé et reculées aux environs de 1740. Nous savons, du moins, par l'œuvre gravée, que Watteau, comme plus tard Chardin, comme Décamps encore, a peint des singes peignant, sculptant, faisant le boniment (le *Marchand d'Orviétan*).

Dans la peinture, comme dans la littérature romanesque et jusque dans la philosophie, le xviiie siècle s'est plu à un orientalisme de fantaisie (Lettres persanes, contes de Voltaire, de Crébillon fils, de Diderot). Volontiers, avec les singes, parfois à côté d'eux, les artistes ont fait figurer dans leurs panneaux décoratifs des Tartares et des Chinois, personnages chimériques qui ne sont là, comme les danseurs d'un ballet d'opéra, que pour surprendre et égayer les yeux par l'inattendu, par le pittoresque de leurs gestes et de leurs costumes. Un curieux dessin de l'Albertina de Vienne nous montre cependant que Watteau a étudié avec soin et dessiné d'après nature un Chinois authentique avec ses pommettes saillantes, ses yeux obliques, dans sa robe de soie, l'éventail à la main : il a annoté tous les détails du costume et a tenu même à nous conserver son nom ; il s'appelait T'sao. Chargé de décorer le cabinet du roi, au château de la Muette, Watteau en orna les panneaux de scènes où figuraient des Chinois aux longues moustaches, des Tartares au long bonnet pointu. En dépit du dessin de l'Albertina, il ne semble pas préoccupé de vérité ethnographique, il s'abandonne à sa verve et se contente d'un exotisme de ballet d'opéra. Ces décorations qui eurent leur célébrité ont disparu ; nous ne les connaissons plus que par les gravures de Boucher, de Jeauret, d'Aubert. Le Chinois, comme le singe, garda pendant tout le XVIIIe siècle son rôle dans la figuration décorative, et Boucher, chargé de faire des modèles de tapisseries pour un salon de Mme de Pompadour, peindra une suite de chinoiseries.

A quelle date doit-on placer les chinoiseries de la Muette ? Il est invraisemblable qu'elles remontent, comme on l'a soutenu, à l'époque où Watteau travaillait encore chez Audran. Qui se serait avisé dans ce cas de les graver sous le nom de l'élève ? Il faut les reculer après la mort de Louis XIV, dans les premières années de la Régence.

Jusqu'à la fin de sa vie, et alors même qu'il fut en pleine possession de son talent, Watteau demeura fidèle à la peinture décorative.

Un dessin de l'Albertina, esquisse d'un écran, est de sa belle manière.

Il est bien difficile de dater avec précision ces œuvres qui ne nous sont plus guère connues que par la gravure.

Sur les panneaux, les dessus de portes, les paravents, les écrans, les tables de clavecin, il peint dans un encadrement de fantaisie les compositions qui lui sont familières, les *Cinq sens*, les *Saisons*, les *Eléments*, des mythologies sans solennité, des pastorales, des scènes de la comédie italienne. Sous un arbre, à l'ombre d'un bosquet, dans un paysage légèrement indiqué qui s'ouvre, se perd en vagues lointains, il pose un de ces groupes dont il avait, selon Caylus, « un recueil dans un livre relié » : l'*Enjôleur*, le *Dénicheur*, le *Repos des Pèlerins*, l'*Escarpolette*, la *Danse champêtre*.

A ces œuvres décoratives, il convient de joindre les *Saisons* qu'il peindra vers 1712 pour la salle à manger du financier Crozat.

« Elles sont demi-nature, dit Caylus et, quoiqu'il les ait exécutées d'après les esuisses qde M. de La Fosse, on y voit tant de sécheresse qu'on n'en saurait rien dire de bon. »

A cette assertion de Caylus, Goncourt répond que des quatre *Saisons* il possède les dessins des figures du *Printemps* et de l'*Automne* et que « ces Académies sont du dessin le plus accentué et le plus caractérisé de Watteau ». Le groupe du *Printemps* a de la grâce ; dans l'*Automne*, la femme à demi-renversée qui tend sa coupe, lourde, encore flamande, est bien du maître, mais peut-être La Fosse avait-il en effet dessiné la banale et poncive allégorie de l'*Hiver*, un vieux modèle, savamment et noblement musclé, qui chauffe ses mains à un feu maigre, tandis que dans son dos des figures ailées soufflent une tempête qu'on voit sortir de leur bouche ouverte.

***

Watteau arrivait à Valenciennes dans une heure mauvaise. On était au lendemain de la bataille de Malplaquet (11 septembre 1709). La fortune, une fois encore, nous avait été contraire.

La ville, qui déjà avait tant souffert des rigueurs de l'hiver, était comme dans l'ombre de la guerre. Elle était pleine des rumeurs de la bataille, encombrée d'éclopés et de traînards. Ses asiles, ses hôpitaux, ses maisons religieuses regorgeaient de blessés et de moribonds.

On imagine sans peine l'accueil que Watteau reçut de sa famille. L'histoire est de tous les temps. Après les premières effusions dans la surprise du retour, après le repas de bienvenue, les questions posées, les réponses faites, il se retrouve aussi étranger dans ce milieu qu'il l'avait été jadis. On l'écoutait sans le bien comprendre. Au terme, il n'était pas plus riche, il n'était pas plus capable de gagner son pain de chaque jour par un travail assuré, comme fait un bon compagnon. Bientôt il se heurtait à la froideur et à l'hostilité qui, jadis, l'avait si fort blessé et déterminé au départ.

Cependant, il se remettait au travail. Après sa brouille avec Gillot, il semble que fier, ombrageux, il ait voulu comme l'effacer de sa vie et ne plus rien lui devoir. Il laisse les mythologies d'opéra, les scènes du théâtre de la foire et, se souvenant de ses origines, il se met à l'école des petits maîtres flamands. Encore à Paris, il avait laissé entre les mains d'Audran, outre cet *Intérieur de Cuisine* (Musée de Strasbourg), où se révèle le coloriste, deux figures peintes sans doute pour être encadrées dans une décoration : la *Marmotte* (Musée de l'Ermitage) dans un paysage esquissé où apparaît un clocher, un Savoyard lourdaud, tenant contre sa poitrine la boîte de sa marmotte et, de la main gauche, un flageolet; la *Fileuse* où, sur le même fond de paysage une paysanne file sa quenouille. A Valenciennes, il peint dans le même esprit des scènes rustiques : la *Danse champêtre* ; la *Vraie Gaîté;* devant un cabaret, un violoneux, assis sur un cuveau renversé, fait danser un couple de kermesse ; le *Repas de Campagne* ; *Retour de guinguette.*

En même temps, préoccupé du tableau qu'il avait promis à Sirois, Watteau s'attachait à l'étude des modèles qu'il voulait mettre en scène. Il allait voir dans les villages proches le départ, l'arrivée des troupes. Le crayon à la main, il prend des croquis, il fixe le décor du bivouac dans la plaine, il note le costume, les gestes, l'officier sur son cheval, le tambour sa caisse au côté ou sur le dos, le mouvement de ceux qui s'en vont le fusil sous le bras, les reins courbés sous le poids de leur musette, l'abandon de ceux qui, étendus sur le dos, couchés sur le ventre, les bras repliés en oreillers, dorment du lourd sommeil que donnent la fatigue ou l'ivresse.

Quand, encore à Paris, il peignit sa première scène militaire, quand, à Valenciennes, il travaillait au second tableau commandé par Sirois, Watteau s'imaginait qu'il restait fidèle à la résolution prise. En fait, sans le soupçonner, il revenait à Gillot, je veux dire à un art nouveau, vivant, français d'esprit, au petit monde à la fois observé et imaginé, où sa fantaisie se jouera de plus en plus librement. Certes, il reste fidèle à la technique des petits maîtres flamands, mais sans modèle antérieur, face à face avec la nature, il se trouve livré à sa propre inspiration et, dans les petites figures qu'il multiplie à plaisir, il met un esprit nouveau. Les critiques du xviiie siècle en ce sens, ne se sont pas trompés, les scènes militaires sont les premières œuvres du peintre des fêtes galantes.

Si vraiment Watteau, dans une heure de lassitude et de dégoût, avait eu l'intention de se fixer dans sa ville natale, d'y mener la petite vie des maîtres de la corporation, il ne tarda pas à reconnaître son erreur. Il n'y avait rien à faire pour lui dans cette ville frontière, presque sous le canon de l'ennemi. Après avoir vécu familièrement avec Gillot, avec les Audran, après avoir mené la vie de Paris, connu son agitation et ses libertés, il ne pouvait plus se faire à la vie triste, monotone, surveillée, aux commérages, aux rivalités de la vieille cité provinciale.

C'est sans doute à cette époque qu'il eut l'occasion de rencontrer un des hommes dont l'amitié l'accompagna tout au long de sa courte carrière. Antoine de la Roque avait combattu à Malplaquet dans cette gendarmerie du roi qui, par ses charges audacieuses, avait empêché la défaite de se changer en désastre.

Il avait eu, comme Villars, le genou fracassé, et avait reçu en récompense de sa belle conduite la croix de Saint-Louis. Évacué sur Valenciennes, il put rencontrer le jeune peintre et, rapproché par des goûts communs, se lier avec lui. Méridional, d'humeur active, ambitieux, plein de projets, il a déjà en tête des comédies, des opéras. Il va quitter l'armée et, à Paris, sur un nouveau champ de bataille, conquérir sa place dans le monde des beaux esprits. Il aura plus tard son portrait de la main de son ami. Le visage aimable, la figure ronde et pleine, encadrée des boucles de la perruque, il est à demi étendu sous un bouquet d'arbres, sa canne-béquille en mains, la jambe droite raidie par l'ankylose de la blessure ancienne. Un chien est couché à ses côtés, le luth et la cuirasse symbolisent ses titres de gloire, tandis que face à lui quatre femmes nues, les Muses, sans doute, à demi cachées par un tertre, contemplent leur nourrisson. De la Roque n'eut pas de peine à convaincre Watteau qu'il ne devait pas s'attarder à Valenciennes, qu'il devait reprendre le chemin de Paris, parce que là seulement il avait chance de développer et de faire reconnaître ses talents.

Ajoutez que Sirois a reçu le tableau militaire qu'il avait commandé.

Sirois est un brave homme, mais il est connaisseur et marchand de tableaux. Il voit en Watteau une précieuse recrue, il le rappelle et lui promet de l'employer.

Le caractère inconsistant de Watteau, joint au peu d'émulation qu'il trouvait à Valenciennes où il n'avait rien devant les yeux qui fût capable de l'animer et de l'instruire, le déterminèrent à revenir à Paris : sa réputation commençait à s'y établir. (Gersaint.)

La vie de Watteau se résume désormais dans le formidable labeur qui la remplit tout entière. Songez qu'il a vingt-cinq ans lorsque, maître de son talent, il compose ses petits tableaux militaires, et que, à trente-sept ans, il est mort ; prenez son œuvre gravée, comptez ses dessins et ses tableaux. Ce que Caylus, avec ses préjugés académiques, appelle « sa paresse et son indolence » n'était que la verve d'un génie très prompt, toujours mécontent de l'œuvre faite, impatient de l'œuvre qu'il rêvait.

CHAPITRE III

LE RETOUR A PARIS. — SIROIS ET LES TABLEAUX MILITAIRES. — PREMIÈRE RENCONTRE AVEC LE FINANCIER CROZAT : LES « SAISONS ». — LES AMIS : LE COMTE DE CAYLUS, DE JULIENNE.

Parti découragé, Watteau s'étonne des progrès qu'il a faits durant son absence. Il est en passe de travailler librement et pour lui-même.

« A l'heure où il revenait à Paris, écrit Gersaint, sa réputation commençait à s'y établir. Les deux tableaux que mon beau-père possédait, furent vus de plusieurs curieux et, en peu de temps, son mérite éclata et fut connu de tous les connaisseurs. »

Enchanté du *Départ de Troupes*, qu'il avait reçu de Valenciennes, Sirois accueille le jeune artiste, lui ouvre sa maison. Ce marchand de tableaux du Pont Notre-Dame était un habile homme et un brave homme. Il avait de la finesse, le goût que donne l'expérience ; il comprenait, sinon le génie de Watteau, du moins ce qu'il y avait d'aimable et de séduisant dans sa manière. Il prenait en amitié ce jeune homme nonchalant et désintéressé qu'il pouvait se vanter d'avoir découvert. L'argent à gagner stimulait sa bienveillance.

Le *Petit Concert en Famille* de la collection Wallace, que grava Thomassin, nous montre, groupés sous des costumes de théâtre, les membres de la famille (Mariette). En avant d'un vieux pilier, que décorent des bustes de faunes rongés par le temps,

> Sous un habit de Mezzelin
> Ce gros brun au riant visage,

c'est Sirois lui-même qui, dans son beau costume de satin blanc, la guitare en mains, prélude. Le visage rasé, la figure ronde et pleine, le nez fort, l'œil bien ouvert, il a l'air content de vivre, avec une expression tout à la fois de finesse, de franchise et de belle humeur. Derrière lui apparaît la tête de sa femme, un peu empâtée, encore avenante. Debout de chaque côté deux garçons déjà grands, à gauche une jeune fille assise, un chien dans les bras, tandis que le petit dernier, la tête dans les genoux de la grande sœur, regarde curieusement. Groupés autour du père qu'ils encadrent, femme, enfants font un accord de gens heureux, bien installés dans la vie, dont la bonne bourgeoisie se trahit sous les costume qui les déguisent.

Sirois ne laisse pas son jeune ami s'attarder. Tout de suite il lui commande deux nouveaux tableaux militaires. Watteau, selon sa coutume, avait rempli son album de croquis, de dessins sur nature. Il était prêt. Gersaint nous apprend « qu'après sa seconde arrivée des Flandres » il peignit en pendants pour Sirois le *Camp volant* et le *Retour de campagne*. Sans grand souci de composition, consultant ses notes, évoquant ses souvenirs, autour de la marmite sous laquelle fume un feu de bois il assied des femmes, des enfants, jette une serviette, un grand plat d'étain, et, de tous côtés, par groupes détachés, place des soldats debout, couchés, assis, fumant, causant, dormant, jouant aux cartes, c'est le *Camp volant* (Ermitage), le *Retour de Campagne* (Coll. Kraemer, Paris), nous montre la même liberté, la vie prise sur le fait dans ce qu'elle a de mouvementé, d'imprévu : à droite, deux officiers montés, dont l'un se penche sur le col de son cheval qui boit ; tout au travers de la toile, débandés, des soldats en marche, au devant desquels s'avancent deux femmes assises sur des ânes ; dans les lointains de la plaine flamande le lourd chariot qui porte les bagages de la troupe. On comprend le succès de cet art inattendu, sincère et ingénieux, qui change des grandes machines historiques. Dans ces toiles minuscules un petit monde s'agite, quarante, cinquante personnages, toute une comédie aux actes divers, amusant les yeux et l'esprit par le pittoresque du décor et des costumes, par la variété des épisodes, par la justesse des mouvements, par la verve et l'esprit qui, partout présents, donnent à l'œuvre son unité.

Peintre militaire, Watteau déjà est un original, un novateur.

Van der Meulen est une façon d'historiographe du grand roi. Ses vastes compositions sont des documents officiels, des bulletins de campagne. Au fond de paysages où se révèle le bon maître flamand, il donne en vues cavalières les plans des cités conquises, et au premier plan il portraiture Louis XIV et les généraux dont il a charge d'immortaliser les exploits. Fait significatif, son élève et son successeur à la direction des Gobelins, Jean-Baptiste Martin, est un instant attaché comme dessinateur au service du maréchal de Vauban. Dans la galerie des batailles du château de Chantilly, Sauveur Leconte célèbre dans le même style, avec la précision des bulletins militaires, les victoires du grand Condé. Joseph Parrocel parle un autre langage. Il a rapporté d'Italie le goût des corps-à-corps, des mêlées de cavaliers, il transpose la fameuse bataille de Constantin du Vatican. Cependant les deux esquisses que nous avons de lui au Musée du Louvre montrent le passage des grandes machines à l'italienne aux scènes de guerre à la manière de Wouvermans. Watteau laisse là l'histoire et l'épopée ; il se contente de fixer les spectacles dont son œil et sa fantaisie se sont un instant amusés. De la guerre comme de l'amour, il a peint surtout le jeu, le décor ; il évite « la mauvaise guerre », ce qu'elle a de dur, de cruel ; il choisit de la réalité ce qui lui convient ; il s'en tient à la parade, aux épisodes comiques, aux scènes pittoresques de la vie des camps. On aperçoit bien parfois un soldat le bras en écharpe, mais la blessure n'a rien de tragique, elle ne s'accompagne pas de l'expression de souffrance, elle sert à varier les attitudes, tout au plus rappelle-t-elle des souvenirs mauvais sur lesquels il vaut mieux ne pas insister.

Quand on regarde ces scènes militaires, bien observées, amusantes, mais dont les pires drames sont des averses qui tombent sur des dos courbés, des étapes par les routes boueuses et défoncées, on est surpris de penser que Watteau quitta Paris pour Valenciennes, selon toute probabilité, en septembre 1709, que les soldats qu'il a vus, dont il a pris des croquis, sont les soldats mêmes qui, en 1708, s'étaient battus à Oudenarde, qui, le 11 septembre 1709, sous les ordres du maréchal de Villars, venaient de livrer la sanglante et indécise bataille de Malplaquet. Il n'a pas ignoré la guerre brutale, avec tout ce qu'elle offre de spectacles répugnants, les traînards, les convois de blessés aux figures pâles, aux linges sanglants. Mais le génie de l'artiste décide de ce qui, dans les choses, le frappe et de ce qu'il en retient. Watteau, d'instinct, ne vit que la comédie de la guerre.

Le premier tableau qu'il peignit, étant encore à Paris, pour Sirois, la *Halte d'armée*, nous est connu par une copie du musée de Glasgow. A gauche, sous des arbres, la marmite est suspendue au-dessus du feu, à droite un trou d'eau surmonté d'un saule mutilé, au centre, étendus sur une couverture, des soldats jouent aux cartes près d'un tambour, et des deux côtés, sur une même ligne, juxtaposés plus que reliés, des petits soldats debout, assis, une paysanne au milieu d'eux.

La seconde toile, qu'il peignit à Valenciennes, marque un grand progrès sur la première. Elle nous a été conservée, elle est dans la galerie de M. Edmond de Rothschild, des *Recrues qui rallient l'armée*, traversent un plateau par un temps affreux; sous la conduite d'un officier monté, les soldats vont sans ordre, à la file, enfonçant dans le terrain détrempé. D'après Dohme, qui l'a vu et étudié, le tableau est presque monochrome ; le ciel bas, couvert de nuages, et le sol humide sont d'un ton grisâtre, le paysage et la troupe se noient dans une sorte de brouillard, les figures même sont traitées comme en camaïeu, émergeant du fond sans en rompre l'unité. Le dessin des têtes et des mains laisse à désirer ; les mouvements, au contraire, et les attitudes, sont indiqués avec beaucoup de bonheur, mais ce qui, surtout, caractérise l'œuvre, c'est la vigueur de l'ensemble, une tonalité forte, tenue, qui marque, avec l'influence encore des Flamands, l'originalité du coloriste.

Deux autres tableaux, qui avaient fait partie de la collection de Crozat, sont à Saint-Pétersbourg, au Musée de l'Ermitage : les *Fatigues de la guerre*, — par un temps de chien, pluie et vent, un âne refuse de passer un gué et arrête le détachement en marche ; les *Délassements de la Guerre*, — sous des toiles déployées des femmes et des soldats, bruyamment, sont attablés et boivent ; dans le fond, d'autres soldats boivent et fument.

Le peintre Eugène Carrière a possédé un de ces rares tableaux, et celui peut-être qui fut le plus apprécié des connaisseurs : c'est l'*Escorte d'équipages*, qui a été gravé par Cars et que Mariette déclare tout simplement « un tableau merveilleux ». Dans une plaine des environs de Valenciennes, auprès d'un ruisseau qu'ombrage un bouquet d'arbres au feuillage roux, sous un ciel où s'avance un nuage éclairé par les fumées qui montent, la troupe s'est arrêtée : un soldat, habit rouge, culotte bleue, bas blancs, s'est étendu sur le dos, la tête reposant dans ses mains ; un autre, couché sur le ventre, cause avec une femme ; au centre, deux villageoises, dont l'une, le sein au vent, allaite son nourrisson, tandis qu'à ses pieds, dans une façon de berceau, dort un autre marmot ; plus loin, la soupe chauffe dans un chaudron suspendu au-dessus d'un feu de bois qui pétille et qui fume ; des armes, une musette, un tambour ont été jetés là ; en arrière les cantiniers déchargent une espèce de cheval blanc, rosse efflanquée et pitoyable ; on aperçoit un bout de tente, au delà un coin de village. Dans le lointain, de tout petits soldats, le fusil sur l'épaule, marquent déjà la justesse de l'observation, le sens du mouvement, l'accent expressif. Le tableau est d'un coloriste, mais je n'y vois pas l'influence de Rubens ; son aspect est sombre, sans rien de fleuri ni d'argentin ; l'harmonie puissante n'est pas obtenue par les contrastes, les tons sont voisins les uns des autres, l'unité est dans une note générale brune et comme un peu assourdie.

Plus tard, lors de son voyage en Angleterre, sur la demande de quelque amateur, Watteau empruntera à Callot deux sujets que celui-ci avait traités avec sa verve ordinaire dans les *Misères de la Guerre*, le *Pillement d'un Village*, la *Revanche des Paysans* (gravés par Baron; fixé à Londres) ; on retrouve les lourds chariots chargés de butin, les épisodes de violence, les paysans armés de leur fléau et assommant les pillards, mais il y a, certes, plus de haine que de fureur, d'emportements réels, plus de la vraie guerre dans les êtres à peine visibles qu'indique le trait du graveur que dans les petites figures du peintre.

A cette date Watteau a déjà l'art de saisir le mouvement, de comprendre l'homme en action, le geste, l'attitude, mais il n'a pas encore dans le dessin des mains et des têtes, cette certitude qui lui permettra de faire tenir tant de vie et de grâce spirituelle dans les petites figures qui peuplent les fêtes galantes. Il ne cherche pas ses harmonies dans la richesse et dans l'opposition des éléments ; sous l'influence des petits maîtres flamands, il est coloriste par la vigueur de l'effet général, par l'art de composer le tableau d'ensemble, dans la coloration de soutenir dans la diversité des tons l'accord fondamental.

*　*　*

A l'époque de son séjour chez Gillot, Watteau put rencontrer et reconnaître les écrivains de la nouvelle école. Une lettre de Sirois, sauvée par un hasard heureux, nous apprend que Lesage connut le jeune peintre, qu'il fut de ces « curieux » qui apprécièrent son talent. Un admirateur du *Diable boîteux*, ayant désiré deux tableaux tirés de ce roman, Lesage choisit Watteau, et ne vit pas de meilleur interprète.

La lettre est datée du 23 novembre 1711 et adressée à une dame Josset, libraire à Paris.

« Cet original qui fait d'abondant de la peinture comme M. Lesage fait des comédies et des livres, avec la différence que M. Lesage est quelquefois content de ses livres et de ses comédies et que le pauvre Watteau n'est jamais satisfait de ses tableaux, ce qui ne l'oppose d'être un des roys présents du pinceau. Il m'a promis de peindre pour moy une *Feste de la Foire au Lendit*, de quoy j'ai advancé cent livres de trois cent convenues. Elle sera son chef-d'œuvre s'il y mest la dernière touche ; mais, s'il est repris de son humeur noire et possession d'esprit, le voilà loin du logis et adieu le chef-d'œuvre. » M. Lesage lui a procuré la commande de deux pendants tirés du *Diable boîteux*, à cent trente livres la pièce. « Il n'espère qu'on les aura, car Watteau peint à sa fantaisie et n'aime les sujets commandés. S'il se peut fixer, son premier tableau sera pour M. Duchange, sans qu'il en sache rien, crainte de mécompte. Le médecin l'a remis au régime de quinquina depuis cinq jours après sa venue. »

Le bas breton Lesage n'a pas l'échine académique, il est fier, indépendant, ami du franc langage, comme le flamand Watteau est timide, sauvage et solitaire. En 1709, il a donné *Turcaret* à la Comédie-Française, s'en prenant bravement aux fermiers généraux qui sont les rois du jour. En 1707, il a publié avec un succès incroyable le *Diable boîteux*. Il inaugure ce roman, dont Gil Blas sera le chef-d'œuvre, où les épisodes se suivent sans s'enchaîner, où chaque personnage tour à tour conte son histoire, mais qui éveille la curiosité, soutient l'intérêt par les anecdotes, les allusions, la peinture des caractères, la satire des mœurs. En 1711, il est en pourparlers avec la dame Baron, la belle-fille du célèbre comédien Baron, qui dirige le théâtre du Bel-Air. Pendant près de trente ans, pour son plaisir et celui des autres, de verve, souvent à la diable, il écrira des pièces pour les théâtres des foires de Saint-Laurent et de Saint-Germain, créant le Vaudeville, où le couplet se mêle au dialogue. Le théâtre de la foire, qui continue la *Commedia dell' arte* rapproche Lesage et Watteau. Ils mettent en scène les mêmes personnages, Pierrot, Colombine, Arlequin, Mezzetin, Scaramouche, Scapin, tous deux pour se mouvoir librement dans le domaine de la fantaisie, mais l'écrivain pour les faire entrer dans toutes les conditions, pour tourner en dérision sous leur déguisement les ridicules et les vices, la bêtise et la fourberie des hommes ; le peintre pour les animer d'une âme nouvelle et en peupler le monde de rêve dont il s'enchante.

La lettre de Sirois nous apprend autre chose encore. A vingt-sept ans, le peintre, dont l'œuvre est toute de joie légère et de grâce discrète, est sous la menace de la maladie qui l'emportera. Il a les petits accès de fièvre qui le laissent dans une étrange lassitude. Surtout il connaît déjà les tristesses sans cause, la mélancolie des jours noirs, l'instabilité nerveuse qui le fait mécontent de lui-même et des autres. Mais sa nature délicate, tendre avec timidité, autant que son talent, lui a fait des amis indulgents et fidèles.

* * *

C'est sans doute encore le bon Sirois, dont les amateurs étaient les clients, qui mit Watteau en relation avec le grand financier dont le nom mérite de rester associé à celui de l'artiste, qui lui dut d'entrer en commerce plus intime avec les maîtres et de parfaire son éducation technique. Les rôles avec le temps se sont renversés, et son jeune protégé a donné au financier ce que toute sa fortune ne pouvait lui assurer, une place honorable dans la mémoire des hommes.

Pierre Crozat, qu'on appelait plaisamment Crozat le Pauvre, pour le distinguer de son frère aîné, Antoine Crozat, un des princes de la finance, était trésorier de France. Son origine était des plus humbles, et il n'était pas besoin de remonter au delà de son père pour trouver le pauvre diable qui avait commencé la fortune de la maison. Il n'avait rien de Turcaret. Homme de goût, il aimait toutes les formes de l'art. Il avait recueilli de la fameuse collection Jabach tout ce qui n'était point entré dans le cabinet du roi. Il avait en Italie, à Londres, à Anvers, à Amsterdam, des agents qui recherchaient et achetaient pour lui les bronzes, les pierres taillées, les dessins et les tableaux des maîtres. (Virgile Josz.)

Le roi avait fait abattre la vieille enceinte fortifiée et, de la Bastille à la porte Saint-Honoré, une double rangée d'arbres prolongeait jusqu'aux Champs Élysées une magnifique promenade. Au delà, c'était la campagne de banlieue avec ses fermes, ses petites maisons éparses, ses jardins, ses cultures maraîchères. Dans ce quartier nouveau, à la place où s'ouvre aujourd'hui la rue Richelieu, Pierre Crozat, au milieu d'un jardin de près de deux hectares, s'était fait élever un hôtel. En bas, le plafond de la grande galerie avait été peint par Lafosse qui, allusion aux goûts du maître, avait représenté la *Naissance de Minerve.*

Crozat n'aime pas seulement les arts, il protège les artistes, il leur fait accueil. Il a donné un logement dans sa maison au vieux peintre La Fosse et à sa femme. Charles de La Fosse est un personnage, il est recteur de l'Académie, il a peint la voûte de la chapelle de Versailles, il a été chargé par Mansart de décorer la coupole des Invalides. Mais Crozat est un libre d'esprit, il n'a pas besoin qu'on l'avertisse de ce qu'il convient d'admirer. Il a vu quelques tableaux de Watteau, il en a goûté la nouveauté, il a su pressentir, dans les qualités de ce jeune homme qui se cherche encore, le maître qu'elles annoncent. La salle à manger de l'hôtel comporte quatre cadres en ovale qui attendent leur décoration. Le jeune peintre aura sa place parmi tant de rivaux illustres, et sera chargé de peindre dans ce cadre les *Quatre Saisons*. A cette date (vers 1712) Watteau est entré dans la maison. A coup sûr il a regardé longuement les tableaux de Venise et d'Anvers, il a manié les dessins de tous les maîtres, mais un peu vite et sans y insister. Nouveau venu, occupé de son travail, il n'a pas vécu dans l'intimité de ces chefs-d'œuvre. Il a profité des leçons reçues, mieux compris ce qu'il cherchait, mais c'est seulement quelques années plus tard, en 1716, qu'il achèvera dans le musée de Crozat de conquérir sa maîtrise.

Est-ce la vue des chefs-d'œuvre qu'il venait d'être admis à contempler qui réveilla en lui le désir d'un voyage en Italie ?

Il eut quelque envie, dit Gersaint, d'aller à Rome pour y étudier d'après les grands maîtres, surtout d'après les Vénitiens, dont il aimait beaucoup le coloris et la composition. Il n'était point en état de faire sans secours ce voyage : c'est pourquoi il voulut solliciter la pension du roi. L'Académie venait d'être chargée de désigner deux candidats précédemment couronnés « qui sembleraient dignes de profiter du voyage de Rome ». Watteau, en 1709, avait obtenu le second grand prix. Il se mit sur les rangs. L'Académie, dont il faut louer la clairvoyance, ne jugea pas à propos de lui donner satisfaction. Le genre qu'il avait adopté, les sujets qu'il traitait, la nature et la maturité de son talent ne le désignaient nullement pour un séjour dans la Ville Éternelle. Justice cependant lui fut rendue. Il fut invité à se présenter aux suffrages de la Compagnie et aussitôt agréé. Avec son inconstance, son perpétuel mécontentement de lui-même, il attendit cinq ans avant de présenter son chef-d'œuvre, l'*Embarquement pour Cythère*, et ne fut définitivement reçu qu'en 1717.

Le récit que fait ici Gersaint est un véritable roman. La fiction et la réalité se mêlent dans ses souvenirs.

« La façon singulière avec laquelle il fut reçu à l'Académie royale de Peinture et de Sculpture est fort honorable. Pour obtenir la pension du roi, il prit un jour la résolution de faire porter à l'Académie les deux tableaux qu'il avait vendus à mon beau-père. Il part sans autres amis ni protection que ses ouvrages et les fait exposer dans la salle par où passent ordinairement Messieurs de l'Académie de Peinture et de Sculpture qui tous jettent les yeux dessus et en admirent le travail sans en connaître l'auteur. M. de La Fosse, célèbre peintre de ce temps-là, s'y arrête même plus que les autres, et étonné de voir deux morceaux si bien peints, il entre dans la salle de l'Académie et s'informe par qui ils avaient été faits. On lui répondit que c'était l'ouvrage d'un jeune homme qui venait supplier ces Messieurs de vouloir bien intercéder pour lui afin de lui faire obtenir la pension du roi pour aller étudier en Italie. M. de La Fosse, surpris, donne ordre qu'on fasse entrer ce jeune homme. Watteau paraît; sa figure n'est pas imposante, il explique modestement le sujet de sa démarche.... Mon ami, lui répond avec douceur M. de La Fosse, vous ignorez vos talents et vous vous méfiez de vos forces ; croyez-moi, vous en savez plus que nous, nous vous trouvons capable d'honorer notre Académie ; faites les démarches nécessaires, nous vous regardons comme un des nôtres. Il se retira, fit ses visites, et fut agréé aussitôt. » (Catalogue de Lorengère.)

Plus de trente ans se sont écoulés quand Gersaint raconte en ces termes la réception de Watteau à l'Académie. Il est possible que Watteau ait envoyé les deux premiers tableaux militaires qu'il avait peints pour Sirois ; mais Mariette, esprit exact, qui a les habitudes de l'historien, nous apprend que, parmi les tableaux qu'il exposa à cette occasion, figura les *Jaloux*. On comprend mieux la surprise et l'empressement de ses confrères : il est déjà le peintre des fêtes galantes. Il est faux aussi que La Fosse ne l'ait jusqu'alors jamais connu. Le vieux maître l'a rencontré chez Crozat, peut-être il a dirigé, à coup sûr il a suivi sa décoration des *Saisons*. Mais, s'il arrive bien disposé, il est impossible qu'il ait tenu les propos que lui prête Gersaint. Le ton de Caylus, dans sa notice, montre assez de quelle hauteur « les peintres d'histoire », les fabricants de héros, regardaient le petit maître des Fêtes galantes.

**

Le tableau des *Jaloux*, qui appartenait à M. de Julienne, nous est connu par la gravure de Scotin : sur un banc, au pied d'un grand arbre, Pierrot, l'air béat et gourmand, est assis entre deux belles, l'une de face, l'autre de profil ; toutes deux coquettes et charmantes ; Mezzetin est de la fête, assis à gauche et tourné vers la joueuse de guitare ; en arrière, à demi caché par les feuillages, Arlequin au noir visage et Scaramouche, les bras tendus, épient la scène avec colère (cf. *Pierrot content*). L'œuvre est digne du maître et annonce les chefs-d'œuvre qu'elle commence. En 1712, Watteau avait donc déjà choisi les thèmes pittoresques qui devaient faire son nom immortel.

Comment Watteau a-t-il été amené à laisser les soldats et les rustres ? Comment en est-il venu à grouper des êtres de joie, d'élégance et de mélancolie dans ces paysages réels et féeriques, où monte et flotte une musique que notera Mozart ? On peut à juste titre rappeler le goût de l'époque pour les pastorales, le succès qu'eut l'*Issé* de Lamotte-Houdart, relier l'œuvre du peintre aux poèmes, aux comédies, aux ballets à la mode. Watteau à ses entrées à la Comédie-Française et à l'Opéra comme au théâtre de la foire. Il assiste aux pièces que Lesage donne à la dame Baron ; il va voir dans leurs métamorphoses Arlequin, Pierrot, Colombine.

En 1713, son grand ami Antoine La Roque a fait jouer à l'Opéra *Médée et Jason* avec le plus éclatant succès. Qu'il connaisse les acteurs, qu'il soit avec eux en relations courtoises, il nous l'apprend lui-même. Dans un dessin poussé, il portraiture Rebel, le maître de musique de la Chambre du Roi (Moyreau, sc.), un gros homme à la face large et bienveillante, en robe de chambre, les doigts sur le clavier, cherchant l'air qu'il note. Il crayonne Dumirail en habit de paysan, la tête de M. Duclos, de la Comédie-Française, Mlle Desmares, la grande rieuse, en « pèlerine », le long bâton surmonté d'une gourde à la main. Une belle sanguine, avec des rehauts de crayons noir (British Museum) nous montre Poisson en berger de pastorale, accoudé à une balustrade, la main gauche à la hanche, la tête de trois quarts levée, dans une attitude avantageuse de comédien. Il emprunte le sujet de l'*Embarquement pour Cythère*, à une pièce du temps, dont un premier tableau (l'Ile de Cythère) pourrait reproduire une scène dans son décor.

Mais timide, indépendant, jaloux de sa liberté, il a traversé les coulisses sans s'y arrêter ; il ne s'est pas mêlé à la vie de théâtre, il s'est tenu à l'écart des basses intrigues, des jalousies mesquines, des scandales qui dégoûtaient si fort Lesage. Il a regardé les féeries, les allégories, les ballets à grand spectacle du parterre, naïvement, dans un demi rêve, autant et plus qu'à la scène, attentif aux images légères qu'elle évoquait en lui. Comme de la guerre, il a retenu du théâtre les éléments que spontanément choisissait sa fantaisie, le décor, les costumes, des gestes heureux, l'art de relier par les formes et les couleurs la fiction à la réalité. Quand il en venait à l'œuvre, il ne faisait pas poser des acteurs, il gardait chez lui des costumes dont il revêtait « sa servante qui était belle », et les amis qui consentaient à lui servir de modèles.

Ajoutons que Watteau laisse les soldats et les paysans parce qu'il n'avait pas l'occasion de les observer, parce que chez Crozat, dans l'hôtel de la rue Richelieu, dans la villa de Montmorency, il voyait de belles dames, d'élégants cavaliers, parce que dans ce milieu il se nourrissait de sensations délicates, de belles formes et de beaux sons, parce qu'enfin, peu à peu, en imitant Téniers d'abord, en étudiant plus tard Rubens, le Titien, Paul Véronèse, il avait enrichi, parfait son langage et découvert par le travail la technique et les sujets qui répondaient à son sentiment et s'accordaient à son génie ; et disons qu'il y a quelque chose qu'il n'a pas dû aux pastorales de son temps, dont nous connaissons à peine le nom, précisément ce qui fait la perpétuelle jeunesse de son œuvre.

Il ne faut pas imaginer, toutefois, que Watteau change brusquement de manière et de style, quand il passe des scènes militaires et rustiques aux fêtes galantes. Dans cette vie si courte et si bien remplie, sans pouvoir noter toutes les transitions, toutes les expériences, nous pouvons suivre le progrès qui amène l'artiste à se découvrir et à se posséder lui-même. Rien de plus instructif sur ce point que le *Plaisir pastoral* du musée de Chantilly, dont un autre exemplaire se trouve au nouveau palais de Postdam : les *Bergers*. L'œuvre résume le passé et annonce l'avenir. Le paysage est flamand : à droite du bocage s'ouvre la plaine colorée par le soleil à son déclin, au fond de laquelle se laisse apercevoir l'église du hameau ; sous les arbres, un vieux paysan joue de la flûte et un berger lutine une commère déjà vue dans quelque kermesse. Avec plus de décision et de franchise, le système des colorations est le même que dans l'*Escorte d'Equipage* : sur des fonds soutenus, un peu sombres, sortent le bleu d'une écharpe, le jaune d'une robe, le rouge d'une veste et d'un béret ; l'harmonie n'est pas obtenue par des touches juxtaposées qui se font valoir l'une l'autre ; mais déjà le coloriste s'affine et le peintre a choisi les formes et les mouvements auxquels désormais il se tient. Le danseur est fin, nerveux, plus acteur que paysan, le jeune garçon étendu sur l'herbe est mince, délié, et sous les arbres, lancé sur une escarpolette, on voit le torse élégant d'une héroïne des fêtes galantes. La *Promenade sur les Remparts* (Aubert, sc.), par le dessin, comme par la disposition des groupes sur une même ligne, rappelle les scènes militaires. A la même époque de transition, R. Dohme, se référant au paysage et aux costumes, rapporte la *Contredanse*, gravée par Brion (Londres, Coll. Sir Hugh Lane), la *Proposition embarrassante*, gravée par Tardieu (Musée de l'Ermitage), le *Passe-Temps*, gravé par Audran. Au delà, Watteau ayant appris des maîtres tout ce qu'il en pouvait apprendre, peint ses œuvres définitives. Il y aurait quelque pédantisme à prétendre les classer, quand on songe qu'elles ont été toutes exécutées dans une période de six à sept ans.

* * *

« Ce fut, dit Caylus, quelque temps après cette justice que l'Académie rendit à Watteau, que je fis connaissance avec lui. » Quand il parle ainsi dans la séance du 3 février 1748, le comte de Caylus a cinquante-six ans. Il est membre de l'Académie de Peinture et de l'Académie des Inscriptions. Il est un archéologue à qui des travaux sur les antiquités égyptiennes, grecques, étrusques, ont donné un sorte de célébrité, il est aussi un critique dogmatique et autoritaire. Ce n'est pas ce Caylus là qui fut l'ami de Watteau. Fils de la célèbre Mme de Caylus, le comte de Caylus n'a pas hérité des grâces qui ont fait sa mère inoubliable. A peine âgé de dix-sept ans, il se fait remarquer à la bataille de Malplaquet par la furie avec laquelle il charge l'ennemi. La paix signée, il quitte le service, qui ne satisfait plus à sa fougue et à son besoin d'action. En 1715, il est à Rome, il étudie les monuments antiques, il dessine d'après les modèles, il se jette dans les arts avec son emportement. Sa curiosité le mène en tous sens. En 1716, il accompagne l'ambassadeur de France à Constantinople, il visite la Turquie et l'Asie Mineure.

C'est vers 1717, chez Crozat, qu'il dut fréquenter assidûment Watteau. Il a vingt-cinq ans. Il a gardé

le cynisme du mousquetaire, il ne craint pas les
« obscénités » ; il aime les histoires graveleuses, il
en fera des contes, à la façon de Crébillon. Mais il
est un grand laborieux ; il ne se lasse pas de dessiner d'après le modèle, de graver d'après les maîtres.
Plus tard, il sera le régent d'Académie. Jeune, il
est heureux de connaître le peintre déjà célèbre, il
l'écoute, il a pour lui de la déférence et même de
l'amitié. Son énergie et sa décision l'attachent, par
contraste, à cet homme faible, malade, qui fait de
génie ce qu'il ne fera jamais avec toute son appli-
cation. Il lui arrive de lui donner de sages conseils,
de le mettre en garde contre l'excès d'un désintéressement qui le laisse à la merci des événements.
L'évocation de ces heures lointaines un instant
émeut le comte de Caylus. Il rappelle « ces chambres
qu'il louait dans divers quartiers de Paris » et où ils
travaillaient d'après le modèle ; il a une parole de
gratitude pour l'artiste qui ne lui a rien caché de
ce qu'il savait, qui lui a donné l'intelligence des
maîtres. « Ce fut dans ces retraites que je reconnus,
pour mon profit, combien Watteau pensait profondé-
ment sur la peinture ». Le malheur est qu'il ajoute : « et
combien son exécution était inférieure à ses idées ».

De Julienne, lui aussi, était, aux environs de 1713,
un jeune homme de vingt-quatre ou vingt-cinq
ans. Grand amateur déjà, il entrait volontiers
dans le magasin de Sirois. Il avait rencontré le
peintre. Peu à peu il avait eu raison des défiances,
de la sauvagerie, et gagné le cœur et l'esprit de
Watteau. La belle amitié s'était formée, dont on
peut dire qu'elle se prolongera au delà de la mort.

De Julienne n'était pas un grand seigneur comme Caylus, ni un prince de la finance, comme Crozat ; il est de bonne bourgeoisie. Autour de la manufacture royale des Gobelins, dans ce quartier triste, où un dessin de Watteau nous montre la Bièvre coulant entre deux rangs de sales masures, se sont installées, sous l'impulsion de Colbert, des teintureries et des manufactures de draps fins. De Julienne dirige une de ces fabriques qui a la spécialité des draps écarlates (Virgile Josz). D'esprit pondéré, il conduit bien ses affaires. Mais il a la passion, le goût des belles choses, le culte de l'art auquel il demande ses plaisirs et ses joies. Déjà il a commencé la collection, qu'il ne cessera d'enrichir, qui, à sa mort, contiendra près de 1700 pièces : 84 tableaux des écoles d'Italie et d'Espagne, 123 des écoles des Pays-Bas, 113 de l'école française, 700 dessins, 250 eaux-fortes de Rembrandt (Virgile Josz). Il s'est attaché à Watteau pour son génie et aussi pour lui-même, il l'a aimé tel qu'il était avec ses qualités et avec ses goûts, il a été le seul, peut-être, qui ait eu le sentiment d'être en présence d'un de ces hommes rares, qui ont droit à toutes les indulgences, et il est aussi celui que Watteau, dans les caprices de son humeur, a le mieux et le plus constamment aimé.

Le peintre a fait deux fois le portrait de son ami. Le premier a dû être exécuté au début de leurs relations, avant la pleine intimité (Coll. Groult). Le tableau, d'une belle conservation, a dans la facture quelque chose d'appliqué et même d'un peu tendre. De Julienne est en costume d'apparat, il est vêtu d'un habit magnifique dont l'étoffe a sans doute été tissée sur ses métiers ; sous l'habit il porte une longue veste de soie à ramages qui s'entr'ouvre sur la mousseline de la cravate et la blancheur du linge. Le visage aimable, sans grand accent, s'éclaire du sourire de la bouche et des yeux.

C'est le visage d'un homme heureux et bienveillant, d'un homme fait pour jouir des joies douces et tempérées que donnent l'amitié et le goût de belles choses.

Le second portrait que nous ne connaissons, plus que par la gravure est d'un tout autre caractère. Dans un parc, de Julienne est assis jouant de la viole d'amour ; debout, la palette en mains, Watteau se penche vers son grand ami. A travers les feuillages, une statue de Vénus apparaît ; à terre sont jetés un cahier de musique, des pinceaux, une boîte à couleurs. En dépit de leur platitude, les vers qui accompagnent la gravure expriment bien le sentiment auquel obéit de Julienne, quand il voulut figurer ainsi près de son ami :

Assis auprès de toi sous ces charmants ouvrages,
Du temps, mon cher Watteau, je crains peu les outrages.

De Julienne est le plus sûr et aussi le plus clairvoyant des amis. Il ne fera jamais les concessions que Gersaint n'ose refuser au préjugé académique. Il ne se met pas en peine de la hiérarchie des genres, il a foi dans le génie du peintre des fêtes galantes, parce qu'il en trouve dans son émotion même la révélation immédiate et la certitude. Watteau mort, il ne l'oublie pas. Il veut associer à jamais sa mémoire à celle de son ami. Avant que l'œuvre ne soit dispersée, avant que l'indifférence et le dédain n'aient laissé se perdre ou se ruiner les morceaux les plus rares, il consacre une fortune à faire reproduire par les meilleurs graveurs, Boucher, Audran, Cochin, Aveline, Lépicié... les dessins d'après nature (figures de différents caractères), les tableaux « tirés du cabinet du roi et des plus curieux de l'Europe (l'œuvre d'Antoine Watteau). » Ces reproductions forment quatre magnifiques volumes in-folio, monument de l'amitié où, des débuts à l'achèvement, revit l'esprit du maître et où, par les images préservées des œuvres aujourd'hui disparues, se rétablit dans son progrès la continuité de sa vie de labeur.

Plus tard, quand il vend à Frédéric II le *Pélerinage à l'Isle de Cythère*, la *Leçon d'Amour*, ce n'est point par esprit de lucre. Le roi de Prusse est économe, ménager de ses écus. Il trouve toujours « les prix exorbitants ». Il aime les tableaux français, surtout quand il ne les paie pas à leur prix. Nous avons toutes les raisons de croire que de Julienne a consenti à se priver de toiles qu'il aimait pour servir la mémoire de son ami, en le faisant entrer dans une collection royale.

CHAPITRE IV

LE SÉJOUR CHEZ CROZAT. — LE THÉATRE ET LES FÊTES GALANTES. — WATTEAU CHEZ LE PEINTRE VLEUGHELS : « LA SERVANTE », LES NUS. — VOYAGE EN ANGLETERRE. — RETOUR. LE PROBLÈME DE L' « ENSEIGNE » DE GERSAINT. — LES DERNIERS JOURS.

En 1716, à la mort du peintre Charles de la Fosse, Crozat offre à Watteau d'occuper la place qui devenait vacante et de loger dans sa maison. « Il profita d'autant plus volontiers de cette offre, dit M. de Julienne, qu'il estimait pouvoir travailler plus tranquillement.... Il faut convenir que depuis ce temps-là ses tableaux se ressentirent des lumières qu'il avait été à portée de prendre dans ce cabinet précieux ».

Crozat avait accumulé des merveilles, un musée royal, 19 000 dessins de maîtres : 229 de Rubens, 103 du Titien, 129 de Van Dyck, 110 de Véronèse, 400 tableaux, parmi lesquels d'admirables exemplaires de l'école de Venise et de l'école d'Anvers. Jadis, Watteau avait étudié ces dessins, ces tableaux, déjà il en avait reçu l'enseignement. Mais, à cette heure, il vit au milieu de ces trésors, dans le commerce constant des maîtres. Il les étudie sans hâte, à loisir, le crayon à la main. Pas un instant il ne songe à jouer « à la grande manière », il ne leur demande que ce qu'il peut en recevoir. En écoutant les autres, c'est son langage qu'il apprend à mieux parler. Autant que le Poussin, il aime les paysages du Titien (Caylus), leur belle construction et leur sonorité profonde. Il analyse la technique des maîtres de Venise et d'Anvers, vers lesquels le portent les affinités de son œil et de son esprit. Pour surprendre les secrets de leur art, il s'amuse parfois à imiter leur style, mais ces pastiches (*Jupiter et Antiope*, au Louvre) ne sont que des études destinées à enrichir, à assouplir sa langue pittoresque qui, née de sa sensibilité, de sa nature frémissante, fond les procédés des deux écoles dans un procédé qui les transforme et qui n'est qu'à lui.

Watteau entrait en relations avec les artistes, avec les connaisseurs. Il avait sous les yeux, dans un beau décor, les femmes élégantes, les toilettes et les parures, les gestes de coquetterie, les causeries légères, toute cette vie de loisir et de luxe, que dès longtemps il avait vue en rêve. Crozat n'est pas seulement un grand amateur de peinture. Il est passionné de musique. Au cours de ses voyages en Italie, il a entendu les compositions des maîtres de Rome et de Venise, il s'est épris de leur art souple vivant, passionné. Il organise dans la grande galerie, décorée par de la Fosse, des auditions de leurs œuvres. Personne, semble-t-il, ne songe à s'en indigner. C'est seulement quarante ans plus tard qu'éclatera la grande bataille qui mettra aux prises les partisans de l'opéra français et de l'opéra italien. Jean-Jacques Rousseau, dans ses *Confessions*, nous en a conté les extravagances.

Que Watteau aime la musique, ce qu'il y a de

musique dans sa peinture nous l'atteste. Je ne dis pas les flûtistes, les guitaristes, mais dans ses chefs-d'œuvre le quelque chose d'inexprimé, de suggéré qui en prolonge la vision en rêverie. Son paysage est musical : dans ses parcs, par les beaux soirs, avec les parfums qui montent de la terre, les vibrations de la divine chanson se mêlent à la brise qui fait frissonner les feuillages. Durant le concert, en même temps qu'il écoute, il regarde. Dans un coin, il dessine une femme qui, le buste en avant, se penche attentive ; il note le geste du flûtiste, la main souple aux doigts agiles, les lèvres qui, en s'avançant, doucement s'entrouvent.

Le peintre trouve chez Crozat l'enseignement de la nature comme celui des maîtres. Il poursuit dans la belle villa de Montmorency les études des paysages qu'il a commencées jadis au temps d'Audran, dans les jardins du Luxembourg. Il peint les ombrages du parc, dont il nous garde le souvenir dans la *Perspective* gravée par Crespy. Il choisit les décors où il exposera ses groupes nonchalants, la terrasse ouvrant sur le plus beau des horizons, les allées qui se prolongent, les eaux qui tombent en cascades ou s'épandent en des bassins, les hautes fontaines ornées de vases et de statues *(Fêtes vénitiennes)*, les architectures à colonnades *(Plaisirs du Bal)* où les invités se retrouvent pour la causerie, la collation ou le concert.

Watteau peut-être ne fut point insensible à l'accueil flatteur que les gens à prétention réservent toujours à l'homme que pour un instant la mode élit. Il ne tarda pas à trouver que l'hospitalité du grand financier lui coutait trop cher. Il avait espéré travailler librement, et c'est de sa liberté qu'il l'achetait.

Il se supportait mieux encore que les autres. Il trouvait en lui-même dans ses songeries, dans ses dessins sur nature, ses seules distractions. Avec le goût inné des élégances, il avait un besoin de solitude et de rêverie. Il s'impatientait de la présence des connaisseurs et des importuns, dont le bavardage et le bel esprit mettaient en fuite les apparitions légères qui traversaient sa fantaisie.

« L'amour de la liberté et de l'indépendance, dit Gersaint, le fit sortir de chez Crozat ; il voulut vivre à sa fantaisie et même obscurément. Il se retira chez mon beau-père, dans un petit logement, et défendit absolument de découvrir sa demeure à ceux qui la demanderaient. »

**

Au sortir de chez Crozat, Watteau a fini les années d'apprentissage. Par l'étude des maîtres, par l'intelligence de leur technique, par son travail et par ses réflexions, il a conquis la maîtrise.

Ce n'est pas dire qu'il ait à jamais fixé son langage et qu'il n'y ait plus pour lui ni progrès, ni découverte. Il apprend encore, sinon des autres, du moins de lui-même. L'étude des œuvres qu'il accumule, dans le temps qui lui est sévèrement mesuré, montre qu'au moment où la mort le prend il tend, comme tous les maîtres, à simplifier sa manière. Volontiers, d'abord, il peint dans la pâte (ex : La *Finette*, l'*Indifférent*) et de verve, sans une hésitation, il pose les lumières et les ombres, d'un coup de pinceau suit le pli d'une étoffe, fait saillir les cassures de la soie, multiple avec les touches les rapports et les contrastes. A force de justesse dans ses personnages minuscules filait tenir la variété, la richesse des harmonies qui, plus que l'espace, mesurent la vraie grandeur. La sûreté de la main, l'intime liaison du dessin et de la couleur, plus que tout la grâce et l'esprit empêchent cette incomparable virtuosité de tourner à la manière. Mais à partir de l'esquisse pour l'*Embarquement pour Cythère* (1717), d'une peinture transparente, presque fluide, sans qu'il faille imaginer un brusque changement de style, par le seul progrès de son art et de sa pensée, il obtient les effets qu'il cherche en simplifiant les moyens qu'il emploie. En même temps qu'il grandit les dimensions de ses toiles, il fait sa main plus attentive et plus légère, il évite les empâtements, il égalise et il affine sa matière, il résume ce qu'il détaillait, et c'est dans cette manière comme apaisée qu'il peint ses dernières œuvres, celles qui se sont le mieux conservées, l'*Embarquement pour Cythère*, l'*Amour au théâtre italien*, l'*Amour au théâtre français*, le *Gilles*, l'*Enseigne*, les deux beaux tableaux aux tons argentins du musée de Dresde.

Après un détour, il est revenu aux sujets de Gillot ; il se fait l'interprète de la comédie italienne ; Arlequin, Pierrot, Scaramouche, le Docteur, Colombine, sont les héros de ses petits poèmes ; il leur met la guitare en mains, la flûte et le chant aux lèvres, et, dans un bosquet où apparaît la figure bestiale d'un faune, il montre leurs amours, leurs jeux, leurs querelles, tous les caprices qui les rapprochent, les séparent, mêlent et varient les groupes du chœur joyeux que mène la fantaisie.

Au musée de Berlin, deux petits tableaux charmants qui se font pendant, symbolisent la rivalité des deux théâtres. L'*Amour au théâtre français* représente un ballet d'opéra où la mythologie s'habille curieusement des costumes du temps. Les deux personnages qui trinquent amicalement sont, en dépit des apparences, les dieux de l'Olympe : l'un, en costume de grand seigneur, un tricorne à plumes sur la tête, est Apollon, comme l'indique le carquois qui pend à son côté, à moins que cet archet bizarre ne soit l'Amour lui-même. Quant au jeune homme couronné de raisins, vers lequel se penche une blonde Ariane, reconnaissez en lui Bacchus. Au premier plan un couple de danseurs exécute un menuet, la femme relevant sa robe d'un geste gracieux ; tout autour, dans le décor, des musiciens, des dames, des cavaliers. L'*Amour au théâtre italien* nous montre dans leur costume consacré les héros de la *Commedia dell'Arte*, que réunit une sérénade nocturne à la lueur d'une torche et d'une lanterne, Pierrot, la guitare en mains, Arlequin, Mezzetin, le Docteur et Colombine qui tient le masque qu'elle vient de quitter.

Le Louvre possède un des chefs-d'œuvre du genre, le fameux *Gilles*, tableau de haute virtuosité, dont l'harmonie savante des gris calmes et froids monte et s'exalte en un accord puissant. Dans un costume de satin dont la blancheur, mariée par ses reflets aux tons du paysage, se dore sous la lumière, s'adoucit dans l'ombre en gris argentins, debout, les bras ballants, Pierrot se détache sur le ciel bleu que réchauffe une brume ensoleillée, tandis que par le chemin creux, qui longe le tertre où se dresse la blanche image, avec un bruit de fanfare, dévale la troupe bigarrée, le minois rose et hardi de Colombine et la tête grise du baudet à l'œil doux qui, tiré par quelque Scapin à la veste éclatante, ploie sous le poids du noir Docteur. Pierrot, pauvre Pierrot, dont la face blême, suspendue entre les grimaces du rire et des larmes, dit la mélancolie du plaisir, la fête et ses lendemains ; Pierrot, notre frère, dupe et victime de lui-même, que son désir mène, comme Scapin le baudet, où il ne voudrait point aller, et que tous les tourmenteurs d'eux-mêmes, pour avoir choisi les autres formes de la folie humaine, regardent fièrement sans y voir leur image !

Des scènes de la comédie italienne aux *Fêtes galantes* la transition est insensible. Dans les groupes qu'il dispose sous les ombrages des grands parcs, vous retrouverez souvent Pierrot, Arlequin, Mezzetin, Colombine : ces êtres de fantaisie ne se séparent point de la foule des créatures légères, réelles et symboliques, qui semblent naître du milieu même que crée pour leurs ébats le caprice indulgent du poète. Watteau est par excellence le peintre des fêtes galantes. Quand on prononce son nom, les images d'abord évoquées sont les grands arbres d'un parc aux perspectives lointaines, aux eaux dormantes, les bosquets propices, une vallée où s'enfonce un fleuve au cours nonchalant, une brise caressante où, dans la musique passe le parfum léger des femmes et des fleurs ; le toques à plumes, les longues robes de satin, les courtes vestes de soie ; un profil exquis, une gorge qui sort d'un corsage en pointe, une taille qui se cambre, une tête souriante qui se retourne, un groupe qui s'éloigne ; et de ces images, comme au chant évocateur d'Ariel, se compose la féerie dans son décor, le poème des amours légères dont le rêve traversa la fantaisie du peintre.

N'imaginez pas, toutefois, que Watteau travaille sur de vagues images. Jamais il n'a oublié les conditions de son art. A Valenciennes, encore enfant, il allait sur la place publique observer les charlatans et vendeurs d'orviétans (Gersaint) ; plus tard, au Luxembourg, il n'a pas seulement étudié les arbres du jardin, il a vu passer les coquettes dans leurs atours, il a noté leurs mines et leurs gestes. Jamais son imagination ne s'est détachée de la nature ; il ne se lasse pas de dessiner d'après le modèle vivant, il multiplie les croquis ; son œil ardent, inquiet, ouvert sur les choses, arrête au passage les gestes vifs, les lignes mobiles, les traits expressifs qui, de ses petits tableaux font de grandes œuvres, parce qu'ils enferment la vie. Un peintre est un réaliste au service d'un poète.

Dans la lumière azurée transparaissent des feuillages légers, c'est le printemps. Svelte, alerte, dégagé, l'*Indifférent* (Louvre, salle La Caze), la taille bien prise dans son justaucorps de la nuance du ciel, un manteau rose doublé de soie bleue négligemment jeté sur l'épaule, les jambes rapprochées, les bras étendus, tourne sur lui-même en faisant claquer ses doigts d'un geste de dédain et de belle humeur. Assise sur un banc, à l'ombre d'un bosquet, une toque brune sur ses cheveux blonds ondulés, les yeux noirs, le nez mutin, les lèvres en fleur, dans une robe de satin d'un blanc verdâtre où joue la lumière, sur les genoux la guitare au long manche que soutient sa main fine, presque enfant, la *Finette* (salle La Caze) écoute s'en aller la fin de sa chanson. Son visage sort de la fine collerette comme une fleur d'un vase de cristal ; elle est la femme de Watteau, sans méchanceté, sans défiance, sans autre pensée que celle qu'exprime sa grâce native, qui va où la mène sa fantaisie, une des petites fées de ce ballet de Titania où se noue et se dénoue le chœur des amours éphémères. Tout à l'heure le bel *Indifférent* passera près d'elle ; vous le retrouverez à ses pieds, cherchant les mots qui troublent les cœurs, tandis que, la tête doucement inclinée, elle écoutera celui qui lui rapporte l'écho de sa chanson.

Des petits tableaux, peints dans cette manière, la *Leçon de musique* (coll. Wallace, 0.18 × 0.23) est peut-être le chef-d'œuvre. Pas d'autre paysage qu'un ciel, les tons les plus purs des plus beaux soirs, et dans ce ciel, mêlés à son rayonnement, le costume rose du guitariste, la robe blanche aux manches roses de la jeune femme penchée sur son cahier de musique, les visages radieux des deux enfants : poème de la lumière, qui éclaire les visages, allume une flamme dans les yeux, comme elle colore les nuages, les satins et les soies, et de la beauté des choses se continue dans la joie des âmes.

A défaut des *Fêtes galantes* de Dresde, de Berlin, de toutes les œuvres que nous avons laissé échapper, l'*Assemblée dans un parc* (salle La Caze), suffit à nous montrer l'art avec lequel Watteau compose ses paysages et sait y mêler, comme y fondre, les personnages dont nous ne saurions dire s'ils en naissent ou s'ils les ont créés. Le tableau est fatigué, il s'est assombri, il a perdu avec ses glacis son éclat, mais l'esprit du maître et son charme y sont présents. Le soir tombe dans un parc ; au bord d'une pièce d'eau se joue un groupe d'hommes, de femmes et d'enfants : les grands arbres, déjà teintés des rousseurs de l'automne, se colorent des derniers rayons du soleil couchant ; dans l'encadrement des épais ombrages s'ouvre une perspective qui, de la pièce d'eau où la lumière du ciel réfléchie s'apaise, mène l'œil par-dessus les collines bleuies jusqu'aux tons orangés de l'horizon. Un joueur de flûte, dans l'ombre, marie son chant à la brise du soir ; deux femmes, un homme à demi-couché à leurs pieds, sont assises : l'une, l'éventail à la main, se retourne, caressée par la lumière qui allume les plis de sa jupe de satin, éclate sur sa gorge, détache un profil charmant ; l'autre repousse un galant qui tend les bras vers elle ; un couple cause ; deux enfants se jouent étendus sur l'herbe ; une fillette debout, la grâce de la femme déjà dans la grâce de l'enfant, regarde la pièce d'eau, tandis que, curieux de solitude, un couple s'éloigne, l'homme la taille cambrée, le jarret tendu, le manteau de soie bleue tombant sur l'épaule ; elle, la traîne de sa longue pelisse d'un roux vénitien relevée d'un geste coquet qui découvre sa cheville, allonge sa taille souple, toute la ligne de son corps svelte ondulant au rythme de sa marche cadencée.

Watteau est un paysagiste. Il n'a pas pour la nature l'amour patient et naïf d'un vieux maître hollandais, il ne pressent pas, comme Ruysdael, tout ce qu'une âme ardente peut révéler d'elle-même, sans y songer, par les affinités secrètes qui lient les formes et les ombres à l'expression des émotions humaines, mais il a senti de la nature ce qui s'accordait à son rêve, il l'a regardée d'un œil de peintre et il l'a aimée en poète. Ici, comme dans ses figures, fidèle aux conditions de son art, il mêle intimement la poésie et l'observation, et c'est de sensations directes, c'est d'éléments réels qu'il compose le décor idéal de ses fêtes galantes, ce monde élyséen fait des caresses des choses. Comparez ces paysages aux fonds de Boucher, à ces fouillis d'un ton de tapisserie, qui ne semblent amuser les yeux avec les choses de la campagne que pour en distraire et en détourner l'esprit. Las des grandes villes, où la foule pressée roule entre deux rives de pierre, nous voulons de la campagne la solitude, le silence, nous dédaignons les effets préparés pour des admirations prévues, nous aimons les surprises, la sauvagerie de la montagne, de la forêt et de la mer. Si Watteau n'a pas notre sentiment de la nature, c'est à elle qu'il demande ses inspirations ; son paysage attend la présence de l'homme, n'a de sens que par elle ; mais ce qu'il a d'agrément, de mesure, n'en altère ni la vérité, ni même la grandeur.

Toujours il s'est plu au contact direct avec les choses. Il connaît les grands arbres, il en a observé les formes, les ramures, non seulement au Luxembourg, mais dans la belle villa de ⌐.. ⌐t à Montmorency ; surtout il a étudié leurs ⌐ ⌐rages, les lignes onduleuses qui en marquent les contours, le clair obscur qui en modèle la masse, l'atmosphère qui les enveloppe, les pénètre, les allège, ouvre aux regards leurs profondeurs. Il est un passionné de la lumière, il en a noté les reflets dans les eaux assoupies, les jeux, les gradations, les transparences, selon qu'elle rebondit sur l'objet, ou s'y absorbe, ou y éclate, ou s'y perd. Rattachés à ces études attentives, remplis de traits choisis mais observés, ses paysages ne sont pas des fantaisies superficielles, imaginées de toutes pièces pour varier les fonds des scènes qui s'y encadrent. Sans doute il les accorde à ses personnages, les subordonne à ses fins décoratives, mais il ne les improvise pas, il les compose des impressions où se résume en son souvenir le charme des choses.

C'est à la villa de Crozat qu'il emprunte le décor des *Plaisirs du Bal* (Dulwich College). Sous un arc, que soutiennent de hautes colonnes et que décorent des cariatides, le paysage se découvre: un paysage comme lointain, dans des tons de vieille tapisserie, les feuillages, vers lesquels monte un jet d'eau, déjà touchés par l'automne, un paysage de poète, qui dit la grâce et la fragilité des choses. Dans ce lieu choisi, tout un petit monde s'agite, — plus de cinquantes personnages, musiciens, belles dames et cavaliers, — insouciant, tout au plaisir de l'heure présente. Blanches, bleues, d'un rose pâle, d'un ton soutenu, variées par les jeux de l'ombre et de la lumière, les toilettes combinent leurs accords pour la joie des yeux. C'est la liberté d'une fête où les hôtes se rapprochent selon leurs sympathies. Dans l'espace libre que laissent les deux groupes qui se sont formés, un couple danse, la femme, le torse cambré, relevant sa jupe d'un geste joli. A gauche, ce sont les bruyants et les rieurs ; la « servante » est serrée de près par un galant en veste de soie bleue. Dans le fond Arlequin fait ses grimaces, et Pierrot debout regarde de son air philosophe. A droite, parmi les gens plus graves, cherchez le couple amoureux qui, dans le bruit des causeries et du rire, s'isole, la jeune femme, l'éventail frémissant, les yeux baissés, le cœur en émoi, qui écoute les douces paroles du jeune homme presque à genoux, dont les yeux l'implorent.

Les jardins royaux et les grands parcs ne lui ont pas fait oublier sa patrie, Valenciennes, les plaines du Nord : il les donne pour fonds à ses premiers tableaux militaires, il en mêle le souvenir à ses impressions nouvelles. De ses visions premières, il a gardé l'amour des grands ciels, de l'air, de l'espace ; dans ses parcs, jamais il ne ferme les ombrages, il enfonce les perspectives, il laisse le chemin libre à la lumière qui vient de l'horizon, à l'œil qui s'y élance ; parfois il développe toute une campagne aux vastes étendues (l'*Amour paisible*, Postdam) ; parfois entre deux collines il fait serpenter un fleuve, parfois à la lisière d'un bois il ouvre la plaine où dans un bouquet d'arbres apparaît un village que domine un clocher pointu (la *Danse*, Postdam). Par ce sens de l'espace, son paysage est un paysage de poète, que reculent les transparences de l'atmosphère, que les lointains vaporeux, les fonds qui se perdent, l'évanouissement de la terre dans le ciel à l'horizon prolongent, comme la rêverie même qui le mêle à ses images légères. C'est en ces « Champs Élyséens » qu'au pied d'une statue de Cypris, dont le marbre a les palpitations de la chair, il dispose, dans des attitudes que volontiers il répète, les groupes de ses fêtes galantes, tantôt auprès d'une balustrade longue et basse où les couplés s'accoudent, s'asseyent, entourés de musiciens et de danseurs (la *Perspective*, *Réunion en plein air*, Dresde ; l'*Assemblée dans un parc*, Berlin, musée de l'empereur Frédéric) ; tantôt à l'abri des grands arbres, les femmes assises frappant de l'éventail une main trop hardie, les hommes étendus à leurs pieds, à genoux à leur côté, le bras autour de leur taille ; un couple s'éloignant, d'autres isolés, perdus çà et là, tous les actes du petit drame sans dénouement hâté dont le caprice amoureux varie les épisodes et multiplie les péripéties.

Si le paysage de Watteau n'est pas fiction pure, s'il tient à la réalité par les éléments qu'il combine, il est l'œuvre de la fantaisie, un monde créé pour le petit peuple qui l'anime ; il s'évanouirait avec la féerie dont il est le décor enchanté. C'est la nature sans les frimas, le vent, la tempête, sans ce qu'elle a de sérieux, de tragique, sans rien qui rappelle ni la vie profonde des choses, ni la terre rude du laboureur, ni le travail, la souffrance et la mort : elle n'est plus que le théâtre des jeux de l'amour et du hasard ; elle ne renvoie à l'âme que l'écho caressant de son propre désir. Ses grands arbres, ses bosquets sont là pour inviter au repos, ses roses attendent les mains qui les tresseront en couronnes ; ses sources, ses jets d'eau jaillissants veulent l'accompagnement de tendres entretiens, de rires légers ; sa brise n'est que la messagère qui emporte et répand les parfums, la musique et les chants. Pas plus que l'imagination, l'œil ne saurait séparer les figures et les fonds ; une même harmonie les enveloppe, ils en sont les éléments accordés. A l'heure où le soleil descend à l'horizon, la lumière apaisée dore les couronnes de feuillage dont les masses s'assombrissent, elle entre dans la clairière et, sur le fond assoupi, mariant les personnages au décor, elle détache tout ce qui l'arrête et la réfléchit, les cassures des étoffes de satin, un profil exquis, une oreille apparue dans les frisures blondes, les nuques ambrées que les cheveux relevés découvrent, une gorge, une main fine. Watteau excelle dans cet art de suivre les jeux de la lumière sur les étoffes, sur les chairs, de faire sortir de ces traits vifs et comme dispersés l'unité d'un effet où ils conspirent.

* * *

Watteau ne paraît pas être resté longtemps chez Sirois ; à la fin de 1718 ou au commencement de 1719, il se retira en haut du faubourg Saint-Victor, presque uniquement composé alors de cloîtres et de jardins ; il y habitait « sur les fossés de la Doctrine chrétienne, la maison du neveu de M. Lebrun ». Son ami Vleughels, peintre d'origine flamande, qui plus tard devint directeur de l'école française à Rome, lui avait offert l'hospitalité. La maison est spacieuse, près de la ville et déjà dans la campagne. Watteau a présenté enfin, en 1717, son morceau de réception. Il est membre de l'Académie et peintre du roi. Il reste à l'écart ; il n'assiste pas aux séances de la Compagnie. Il jouit de sa solitude. Il lit, il dessine, il peint. Il a dérouté les gêneurs, il ne voit que les vrais amis. Quand il est en train, en belle humeur, il les revêt des costumes de théâtre qu'il garde chez lui et, sur nature, il étudie les personnages de fantaisie qu'il disposera dans le tableau qu'il médite.

« La servante, écrit d'Argenville dans l'*Abrégé de la vie des plus fameux peintres*, qui était belle, lui servit de modèle. Il l'a peinte en danseuse sur un fond de paysage qui est très frais. » D'Argenville écrit en 1762 et est seul à mentionner le fait. Watteau, le nomade, a-t-il vraiment une servante ? Il souffre de plus en plus de l'instabilité qui le pousse à changer de place, dans je ne sais quel espoir de fuir ce qu'il emporte partout avec lui. « Il n'était pas sitôt établi en un logement, dit Caylus, qu'il le prenait en déplaisir. Il en changeait cent et cent fois, et toujours sous des prétextes que, par honte d'en user ainsi, il s'étudiait à rendre spécieux ».

Cette servante fut une amie, sans doute, une femme simple, de belle santé, avec les formes pleines et les blondes carnations des Flandres, qui prit en pitié le malade, lui partagea sa jeunesse et lui dévoila sa beauté. Dans les feuilles de dessin qui nous ont été conservées (au Louvre, au British Museum, plus de trente études), dans les Figures de différents caractères, dans les tableaux et dans l'œuvre gravée, nous la reconnaissons partout sous les déguisements qui nous attestent sa complaisance et sa collaboration amusée.

Watteau qui a la passion du dessin sur nature, qui sans doute aussi trouve dans ce modèle comme une ébauche de la femme qu'il cherche et qu'il aime, ne se lasse pas de l'étudier. Il la dessine de face, de profil, de trois quarts ; il la représente assise, debout, à demi couchée, droite, le buste penché, dans toutes les attitudes, dans sa simple nudité, dans sa jupe de travail, dans un costume de théâtre, sur la tête le béret ou le petit bonnet aux ailes battantes. Ces dessins nous montrent combien un même visage, regardé par un artiste de génie, peut varier ses expressions dans l'unité de sa forme et de sa ressemblance. Le buste droit, la tête levée, le regard direct, l'air penché, la paupière mi-close, le regard en coulisse, c'est tour à tour la dignité, la réserve, la coquetterie, le consentement, quelque chose d'engageant et de mutin, et c'est toujours la même femme, les cheveux tirés dégageant le front et la nuque, dans le visage plein, le nez légèrement troussé, le menton qui pointe, les yeux aux paupières mobiles, dont les sourcils arqués se relèvent comme pour accompagner le sourire de la bouche.

La coquetterie de la jeune femme se plaisait à suivre son visage et son corps dans leurs travestissements et leurs métamorphoses. Le dessin achevé, elle aimait à se voir telle qu'elle ne s'était jamais vue, comme en un miroir qui la renvoyait plus belle dans sa ressemblance. Elle entre sans effort dans la comédie et elle y tient un rôle avec un art ingénu. Elle est des *Fêtes galantes*, elle porte avec grâce la robe de soie aux plis lumineux, elle écoute, silencieuse, émue, les douces paroles du galant à ses genoux (l'*Embarquement pour Cythère*), elle se redresse, se recule et, l'air dédaigneux, repousse un geste trop hardi *(Fêtes vénitiennes)*. Sa récompense est d'être assise belle parmi les belles, d'entendre les musiques irréelles dans les paysages enchantés, de retrouver son corps transfiguré dans la nudité des déesses, d'être Antiope, Diane, Vénus, et la statue dressée qui sous les ombrages préside à la pastorale.

Les dessins, par lesquels Watteau s'achemine vers la *Diane au bain*, nous montrent quel progrès le mène de la réalité à l'œuvre qu'il en dégage. Un jour, il surprend « la servante » dans l'action de se rhabiller sans doute, assise, en jupon, la chemise de toile largement ouverte sur la poitrine, le corps penché en avant, les jambes croisées, touchant son pied de la main gauche. Il la dessine telle qu'il la voit et telle qu'elle est, la poitrine pleine, le poignet fort, le bas de la jambe un peu épais, l'attache de la cheville un peu lourde, le corps d'une belle fille qui marche sur ses pieds et se sert de ses bras (Figures de différents caractères). Dans la sanguine du British museum, le modèle a été posé par le peintre. Elle est assise sur une causeuse, auprès d'elle, sur un coffre, les vêtements qu'elle vient de quitter. Déjà la poitrine est plus soutenue, le bas de la jambe plus fin, les attaches plus délicates, le corps dans son ensemble plus élancé et comme grandi.

L'œuvre définitive combinera les deux dessins, en gardant de la nature tout ce qui peut donner la vie à l'image sans en altérer la grâce.

***

C'est à cette date, dans la maison retirée des Fossés de la Doctrine chrétienne, qu'il exécute, d'après « la servante », la plupart des figures nues qui nous restent de sa main.

Comment il étudie les maîtres, comment, par ces études mêmes, il s'affranchit et en vient à exprimer dans un langage qui est à lui une émotion originale, nous pouvons l'apprendre en regardant les figures nues qu'il a peintes. L'*Antiope* de la salle Lacaze, nous le montre se faisant l'élève et l'imitateur du Titien : le soir tombe, le ciel à l'horizon est coupé de bandes orangées qui s'éteignent sur le paysage assombri, mais de tons ardents se modèlent les chairs blondes de la femme endormie. Les fonds, le corps du satyre, le choix des éléments et leurs rapports, tout rappelle la manière forte et chaude du Titien. Dans l'*Amour désarmé* du musée de Chantilly, Watteau démêle les secrets d'un art plus subtil et plus complexe, il imite un maître auquel il doit, autant qu'à Rubens, Paul Véronèse. Par la forme aimable, par la plénitude, par tout ce qu'il a de grâce, de vie et comme de mouvement virtuel, le corps est bien de Watteau, mais le charme du coloris, les roses et les lilas du ciel, mariés aux tons nacrés de la chair, tout impose le souvenir du maître vénitien quand il se plaît aux accords argentés.

L'esquisse du *Jugement de Pâris* (Louvre, salle Lacaze) est de technique flamande, peinte sous l'influence du maître d'Anvers.

Mais Watteau n'imite que pour s'instruire, et il n'imite que les maîtres auxquels le rattachent les affinités de son propre génie. Chez Watteau, les appropriations vénitiennes corrigent, atténuent, dissimulent ce que sa peinture a d'instinctivement flamand, lui créent un procédé, une cuisine d'art qui n'est ni italienne, ni flamande, une palette d'éblouissement meublée de l'exquis des tons des coloristes des deux pays, une palette qu'il fait française par tout ce qui se reflète d'un pays dans un tableau fait sous son ciel (E. et J. de Goncourt).

La figure de l'*Automne* (salle Lacaze), assise sur un tertre, les jambes croisées, le visage chiffonné et souriant, une mèche de cheveux jouant sur son front, dans la souplesse de son corps mobile, a la grâce des héroïnes des fêtes galantes.

La *Toilette* (col. Wallace, 0,45 × 0,38) est, des nus de Watteau, le plus achevé, un chef-d'œuvre de bel ouvrier. Il est peint grand, d'ensemble, d'une facture large, sans minuties, dans une pâte chaude et transparente. La « servante » cette fois n'a pas posé. Le modèle est une autre femme, dont la tête ronde et pleine apparaît à plusieurs reprises sur les feuilles de dessin. La « servante » tient le rôle de la soubrette qui, debout auprès d'une draperie rouge, présente le peignoir. Assise sur son lit, le buste légèrement penché, la femme se prépare à passer la chemise qu'elle élève au-dessus de sa tête. Dans l'encadrement des fonds soutenus, entre la blancheur de la chemise et les gris argentés du drap, le corps modelé largement, d'un blond doré, rayonne dans une véritable splendeur.

La *Toilette intime* (collection Princesse de Poix, 0,33 × 0,27), avec moins d'éclat et d'ampleur, est une œuvre d'un grand charme. Elle a été peinte à Londres, d'après un modèle anglais. Longue, svelte, les jambes fines, une jeune femme est assise sur le lit qu'elle vient de quitter. De la main gauche elle presse son sein, de la droite elle relève son linge, et le visage de profil, légèrement incliné, se regarde, tandis qu'une vraie servante, qui n'a rien de la soubrette de comédie, lui présente à genoux les ustensiles de toilette. Des nus de Watteau celui-ci est le seul qui puisse éveiller quelque inquiétude. L'attitude, certes, est audacieuse, mais le peintre la rend dans sa vérité et laisse la scène dans le silence et comme le recueillement de l'intimité. Philippe Mercier, qui a gravé ce tableau, pour tout sauver, rabat le linge, que la jeune femme, dans l'original, relève.

La *Diane au Bain* (Coll. Nilsson) dépasse les dimensions dans lesquelles Watteau s'enferme à l'ordinaire ; elle n'a pas la fermeté, ni même l'éclat de la *Toilette*, mais elle est une œuvre bien personnelle, une œuvre de ce *faire français* qui n'exagère, souligne rien, arrive à l'effet par la délicatesse des rapports.

En dépit du carquois mythologique qui traîne à ses côtés, la baigneuse n'a rien d'une déesse antique, son visage est mutin, la brise agite une mèche rebelle de sa chevelure blonde ; elle révèle les charmes cachés de ces femmes qui portent avec grâce la robe aux longs plis, et d'un pas rythmé s'éloignent sous les ombrages des parcs au murmure des musiques galantes et des propos amoureux. La richesse du coloris est bien plus dans le choix et les rapports des éléments que dans leur intensité : l'harmonie naît d'un accord de tons atténués et comme volontairement attendris. Assise sur un tertre, au bord d'une source dans laquelle plonge encore son pied droit, Diane essuie son pied gauche dans une attitude familière qui penche en avant son corps souple. Ce corps jeune, ferme et plein se modèle librement dans la lumière dont il est baigné, dans la lumière d'un paysage qui s'étend, qui s'ouvre, que le ciel envahit et qui s'harmonise à ses blancheurs rosées. Autant qu'à Rubens, on pense à Corot, le peintre du pays de France. La pâte transparente a la souplesse de l'épiderme soyeuse, de cette chair fraîche que le sang colore et qui n'a plus rien du cuir ambré au grain ténu des corps italiens. Loin que les femmes de Watteau soient des statues, des formes abstraites, rapprochées arbitrairement de je ne sais quel canon, les statues qu'il aime à dresser sous les grands arbres de ses parcs sont des femmes ; elles s'agitent, se penchent, se colorent, sourient, prêtes à descendre de leur piédestal qu'enguirlandent les roses, pour prendre leur part des plaisirs auxquels elles président.

*

En cette année de 1719, Watteau, dont la réputation n'a cessé de grandir, a reçu du Régent une commande, comme nous l'apprend le reçu qu'il signe le 24 août « de deux cent soixante livres pour un petit tableau qui représente un jardin avec huit figures ».

Une des quatre lettres du peintre qui sont arrivées jusqu'à nous, nous fait part d'une joie à laquelle il fut autrement sensible. Il a reçu en présent d'un abbé de Noirterre un tableau de Rubens. La lettre est adressée à de Julienne auquel il fait remonter la gratitude de ce don précieux.

« Depuis ce moment où je l'ai reçu, je ne puis rester en repos, et mes yeux ne se lassent pas de se retourner vers le pupitre où je l'ai placée comme dessus un tabernacle !... Je prendrai le moment du messager d'Orléans prochain pour luy escrire et luy envoyer le tableau du *Repos de la Sainte Famille* que je luy destine en reconnaissance. »

Le tableau est en Russie, au château de Gatchina, « la servante » s'est revêtue de draperies, elle a couvert sa tête d'un voile et, gentiment, les paupières baissées, elle penche son visage vers l'enfant nu sur la main duquel une colombe se pose en battant des ailes.

En septembre 1719, Watteau est encore chez Vleughels, dans cette maison retirée, où |il paraît avoir goûté quelques mois de tranquillité relative, car, le 20 de ce mois, Vleughels écrit à la célèbre pastelliste vénitienne Rosalba qu'il avait connue en Italie.

« Il y a ici beaucoup de connaisseurs qui professent la plus grande estime pour votre personne et votre talent. Un excellent homme, M. Watteau, duquel vous avez sans doute entendu parler, désire ardemment vous connaître. Il voudrait avoir le plus petit ouvrage de votre main, et en échange il vous enverrait quelque chose de lui, car il lui serait impossible de vous en remettre la valeur.... Il est mon ami, *nous demeurons ensemble* et me prie de vous présenter ses plus humbles respects. »

Le pauvre Watteau ne pouvait demeurer longtemps au même lieu. La fièvre de son corps, depuis longtemps miné par la maladie, le livrait à une sorte d'irritation, dont il pouvait de moins en moins se défendre. A ce prompt dégoût de toutes choses, il mêlait la mobilité, l'ardeur à faire de nouveaux projets, les soudaines espérances qui soutiennent jusqu'au dernier jour ceux qui meurent du mal dont il souffrait. Quelque ami de rencontre lui parla de l'Angleterre, des succès qu'il ne pouvait manquer d'y obtenir. Il se laissa tenter par ce projet. Obéissant à son instabilité maladive, voulant consulter peut-être un médecin célèbre, le Dr Mead, il partit pour l'Angleterre à la fin de 1719. A Londres, il trouva quelques artistes français, avec qui il se lia, Bernard Baron qui gravera le *Pillement d'un Village* et la *Revanche des Paysans* ; Philippe Mercier qui, lui aussi, gravera quelques tableaux du maître et imitera sa manière avec une froideur et une sécheresse qu'atteste, au musée du Louvre, son tableau de l'*Escamoteur*. La protection intelligente du Dr Mead dut être pour le nouveau venu le meilleur des appuis. Le Dr Mead était un esprit original, ouvert. Il avait, au cours de sa jeunesse, passé de longues années sur le continent, il sera l'ami de Voltaire exilé. Rival de Crozat, il recherche les chefs-d'œuvre des maîtres et consacre à leur achat le meilleur de sa fortune. On croit que c'est de sa collection qu'est passé dans les collections royales du château de Windsor le précieux album des dessins de Nicolas Poussin, que Bellori et Fellirin disent avoir vu à Rome chez le cardinal Massimi. Watteau peignit pour lui les *Comédien; italiens* et l'*Amour paisible.* Le charme opéra. Les commandes lui vinrent et le succès. « Quoique Français, dit Caylus, il fut assez accueilli et rapporta quelque argent. » Le goût des amateurs anglais pour ses œuvres ne fut pas un engouement passager. En 1744, l'envoyé extraordinaire de Frédéric de Rothembourg lui écrivait :

« J'ai acheté un tableau de Watteau qui est admirable, dont j'envoie ci-joint l'estampe. Ce tableau est un des plus beaux qu'il ait faits et d'une belle grandeur. Je l'ai eu à fort bon marché. Les tableaux que vous désirez sont fort difficiles à trouver, les ouvrages que Watteau a faits sont presque tous en Angleterre, où on en fait un cas infini. »

L'humeur capricieuse de Watteau ne s'accommodait pas d'un long séjour dans un pays étranger. Sa santé le lui interdisait. Le climat brumeux et le brouillard avaient aggravé son mal. Il revient en juillet 1720, peut-être pour assister au mariage de son grand ami de Julienne, célébré le 22 de ce mois. Nous savons qu'il était rentré le 21 août, car, à cette date, nous lisons dans le *Diario* de Rosalba Carriera : « Vu M. Watteau et un Anglais ». De son voyage, il rapporte quelque argent, mais une surprise l'attend au retour. Il est plus riche qu'il ne croyait et qu'il n'eût osé l'espérer. Avant son départ, il a confié à son bon ami de Julienne le soin de ses intérêts. L'homme d'affaires a mis l'ordre dans cette confusion. Il a liquidé les dettes, recueilli les créances, vendu ce qu'il pouvait réaliser, et au terme il a eu la joie d'inscrire au compte de son ami une somme de six mille livres « sauvées du naufrage », une petite fortune pour un homme qui n'a jamais pris souci du lendemain.

En revenant à Paris, Watteau, qui n'a plus de domicile et dont l'habitude est de n'en point avoir, demande asile à Gersaint qui a épousé la fille de Sirois. Pour lui marquer sa reconnaissance, il offre à son hôte de lui peindre une enseigne.

Gersaint, près de vingt-cinq ans plus tard, en 1744, dans le catalogue de la vente de Quentin de Lorengère, nous donne quelques renseignements sur l'occasion et la genèse de cette œuvre fameuse.

« A son retour à Paris, qui était en 1721, dans les premières années de mon établissement il vint chez moi me demander si je voulais bien le recevoir, et lui permettre « pour se dégourdir les doigts », ce sont ses termes, de peindre un plafond que je devais exposer au dehors ; voyant que cela lui ferait plaisir, j'y consentis. L'on sait la réussite qu'eut ce morceau ; *le tout était fait d'après nature*, les attitudes en étaient si vraies et si aisées, l'ordonnance si naturelle, les groupes si bien entendus, qu'il attirait les yeux des passants, et même les plus habiles peintres vinrent à plusieurs fois pour l'admirer : ce fut le travail de huit journées, encore n'y travaillait-il que les matins, sa santé délicate, ou pour mieux dire sa faiblesse, ne lui permettait pas de s'occuper plus longtemps. C'est le seul ouvrage qui ait un peu aiguisé son amour-propre, il ne fit point de difficulté de me l'avouer. M. de Julienne le possède actuellement dans son cabinet, et il a été gravé par ses soins. »

Gersaint, qui écrit sur ses souvenirs et n'en est pas à une erreur près, se trompe quand il dit que Watteau est rentré en 1721. Watteau est de retour à Paris dès l'été de 1720, il y est en août et septembre, il y est en janvier 1721. La note du *Mercure de France* qui, annonçant la gravure de l'*Enseigne*, dit que ce célèbre morceau a été peint au retour d'Angleterre en 1721, n'ajoute aucune autorité à l'affirmation de Gersaint, pour cette bonne raison que c'est lui qui, selon toute vraisemblance, l'a rédigée et fait insérer.

Qu'est devenue l'*Enseigne* ? Où se trouve-t-elle aujourd'hui ?[1] Longtemps on a cru, on a écrit que l'*Enseigne*, coupée en deux parties, avait été acquise par Frédéric II, sans doute de Julienne, et qu'elle était depuis lors toujours demeurée dans les collections de la maison royale de Prusse. L'étude des tableaux de Berlin, l'examen des deux toiles en elle-mêmes, leur comparaison avec la gravure d'Aveline et la copie de Pater, ne permettent pas d'identifier l'*Enseigne* primitive avec les œuvres admirables d'ailleurs qui décorent les appartements de l'ancien Palais royal.

En 1744, au moment où Gersaint rédige le catalogue Quentin de Lorangère, l'*Enseigne* est chez M. de Julienne. En 1767, à la mort de celui-ci,

[1] Voir André MAUREL : *L'Enseigne de Gersaint.*

elle n'est pas mentionnée sur le catalogue de sa vente. En 1769, à la vente d'un certain abbé Guillaume, figure sous le N° 209 « un tableau sur toile par Watteau, qui formait un des côtés du tableau de Gersaint représentant un peintre (?) qui fait encaisser des tableaux, hauteur 36 pouces, largeur 48 pouces ». Après la vente Guillaume, ce tableau disparaît jusqu'au jour où, en 1850, nous le retrouvons, dans ses mêmes dimensions, à la vente d'Auguste, sculpteur, peintre et grand amateur de l'art du xviii° siècle. Il est acheté par le baron Schwitter et, en 1886, lors de la vente Schwitter, acquis par M. Léon Michel Lévy, qui le possède encore. A l'exposition de 1900, il nous a été donné de voir et d'étudier cette moitié de l'*Enseigne*. Les tableaux de Berlin, au dernier moment et sous un vain prétexte, n'avaient pas été envoyés en France par l'empereur d'Allemagne. La confrontation ne put avoir lieu. Mais l'opinion de la critique fut presque unanime. Nous étions en face d'un des fragments de la première *Enseigne*. Cette moitié a été mutilée; elle a été réduite de près de moitié dans sa hauteur, il ne reste de la boutique que ce qu'il en faut pour encadrer les personnages, mais, dans la partie conservée, elle est conforme à la gravure d'Aveline et à la copie de Pater. Surtout la facture répond à ce qu'écrit Gersaint de la disposition du peintre, de ce qu'il se proposait, et du temps qu'il a mis à cet ouvrage. Elle est prompte, sans reprises, sans repentirs, enlevée de verve ; elle convient à « un plafond », ce qui veut dire simplement ici à une peinture faite pour être vue d'un peu loin et comme d'un coup d'œil. Watteau fait ici la preuve de ce qu'il y a de large, en dépit des dimensions ordinaires de ses toiles, dans sa manière de peindre. Sans changer sa technique, il l'adapte à des exigences nouvelles.

Mais si le tableau de Paris est un fragment de l'*Enseigne* primitive, que faut-il penser des deux tableaux de Berlin et à qui en attribuer l'honneur ? C'est ici que la controverse s'envenime et que les arguments subtils sont mis au service des passions contraires. Et d'abord que savons-nous de l'histoire de ces toiles ? Elles ont été acquises par Frédéric II à une date que nous ignorons, et d'un amateur que nous ne connaissons pas davantage. En 1760, bien avant la vente de l'abbé Guillaume, elles se trouvaient à Charlottenbourg. Le 19 octobre de cette année, après l'invasion de la Prusse par les Autrichiens, le marquis d'Argens écrivait à Frédéric : « A Charlottenbourg on a pillé les tapisseries et les tableaux, mais, par un cas singulier, on a laissé les trois plus beaux : les deux Enseignes de Watteau et le portrait de cette femme que Pesne a peinte à Venise ». Donc, en 1760, les deux toiles sont dans la collection royale, et il semble bien que dans l'entourage du roi, on les tienne pour une œuvre originale du maître. Mais cette croyance ne suffit pas à prouver que les toiles soient originales et moins encore qu'elles doivent être identifiées avec l'*Enseigne* peinte par Gersaint.

Reste l'examen direct des tableaux. Que nous apprend-il ? La confrontation avec la gravure d'Aveline laisse voir de nombreuses différences.

Il manque aux toiles de Berlin 0^m28 de hauteur ; à droite, on a supprimé le mur auquel, dans la gravure, le comptoir vient s'appuyer ; à gauche (côté de l'emballeur) on a, au contraire, prolongé le mur de quelques centimètres. Le portrait que l'on encaisse, et qui représente Louis XIV, diffère du portrait que montre la gravure. Les visages des personnages, à les examiner avec attention, ont été modifiés dans leur caractère, atténués, et pour ainsi dire généralisés, les deux surtout qui, l'un debout, l'autre assis, le corps en arrière, regardent le petit tableau que leur présente Mme Gersaint. Enfin les deux tableaux ne semblent pas les deux moitiés d'un seul tableau, peint sur la même toile qu'on aurait coupée plus tard. Chacun paraît bien avoir été exécuté à part, pour lui-même, avec son éclairage et sa perspective propres.

En dehors de toute opinion préconçue, de tout amour-propre national, qui ne serait que sottise contre la vérité, la conclusion s'impose : les deux tableaux de Berlin ne sont pas les deux moitiés de l'*Enseigne* de 1720. Ceux qui ont pu voir et étudier les deux toiles trouvent cette conclusion confirmée par la facture soignée, attentive, qui contraste avec la franchise et les audaces heureuses du tableau de Paris.

Le problème se précise et, au terme, se pose ainsi : de qui sont ces toiles ? Sommes-nous en présence d'une copie ou d'une réplique ? Ici, c'est à l'œuvre elle-même de prononcer sur sa valeur, sur son charme, l'opinion de tous ceux qui ont été admis à la contempler est unanime. Tous, même ceux qui en nient avec le plus de conviction l'originalité, déclarent qu'elle est d'une harmonie précieuse, d'un charme incomparable, en tout digne du maître. Pourquoi, devant le succès de son œuvre, sur l'insistance d'un amateur, Watteau n'aurait-il pas fait pour l'*Enseigne* ce qu'il a fait pour l'*Embarquement* ? Le tableau de Paris est d'une couleur chaude, ambrée ; les tableaux de Berlin sont dans une tonalité apaisée, dont les gris fins leur font comme une atmosphère perlée. Il n'y a rien là qui contredise l'attribution à Watteau. Watteau a étudié Véronèse, comme Titien et Rubens. Les tableaux de Dresde montrent qu'il a aimé les accords délicats et les harmonies argentées. Si vraiment il a repris son œuvre, en lui donnant une destination nouvelle, pourquoi, ne fût-ce que pour s'épargner l'ennui d'une redite, n'en aurait-il pas modifié la facture et transposé les harmonies ?

Mais si on ne consent pas à la réplique, et s'il faut choisir parmi les disciples et les imitateurs, l'idée d'élire Philippe Mercier est au moins singulière ; Lancret est plus vraisemblable, mais je donnerais la préférence à Peter qui vient de recueillir les dernières pensées et les derniers conseils du maître et qui, dans ses œuvres les plus précieuses, se montre le coloriste délicat des accords d'un gris perlé. Mais, disons-le, qu'elle soit ou non de la main de Watteau, l'œuvre est sienne, lui appartient, elle n'existe que par lui, il en a créé les images et les sentiments, le corps et l'âme, et ce qui en fait le charme ; quel qu'en soit l'auteur, c'est le rayonnement de son génie.

***

Watteau a moins d'une année à vivre, une année de luttes, de crises, avec de courts intervalles d'apaisement et d'espérance. La fidélité de ses amis dans l'épreuve a quelque chose de touchant. Sa nature difficile et charmante ne pouvait retenir que les honnêtes gens. Tous, Sirois, La Roque, Hénin, l'abbé Haranger, chanoine de Saint-Germain-l'Auxerrois, Gersaint, de Julienne, l'entourent de soins et de prévenances.

En juillet 1720, de Julienne s'était marié. Il avait épousé une femme aimable qui partageait tous ses goûts. Au pauvre Watteau, malade de corps et d'esprit, inquiet et souffrant, elle accorde mieux que la pitié d'un cœur sensible. Avec un art délicat, elle sait lui donner le sentiment de ce qu'il vaut, elle lui fait accueil, elle l'encourage, elle s'intéresse à ses œuvres, elle en suit l'exécution. Cette amitié d'une jeune femme qui a foi dans son génie le réchauffe, et il y répond avec une gratitude respectueuse. Le dernier bienfait de Julienne a été de donner à son ami cette excitation légère, ce désir de plaire qui le rattache au travail et à la vie.

De Julienne possédait une maison de campagne à Saint-Maur, entre les bois de Vincennes et la Marne. Dans les beaux jours, le peintre y a reçu l'hospitalité. C'est sans doute le souvenir d'une partie de chasse, qui a eu pour décor cette campagne de Saint-Maur, qu'a fixé Watteau dans le dernier tableau de lui, dont la mention nous soit parvenue. La lettre qu'il envoie de Paris à son ami, le 3 septembre, nous apporte le témoignage de l'intérêt que la jeune Mme de Julienne prend à cette œuvre dont, en accord avec elle, il a modifié l'ordonnance.

« Je ne puis m'en cacher, mais cette grande toile me réjouist et j'en attends quelque retour de satisfaction de vostre part et de celle de Mme de Julienne qui aime aussi infiniment ce sujet de la chasse, comme moi-même. Il a fallu que Gersaint m'amenât le bonhomme La Serre pour agrandir la toile du côté droit, où j'ai ajouté les chevaux dessous les arbres, car j'y éprouvais de la gesne depuys que j'y ai ajouté tout ce qui a esté décidé ainsi. Je compte reprendre ce côté-là dès lundi à midi passé, parce que dès le matin je m'occupe des pensées à la sanguine. Je vous prie de ne pas m'oublier envers Mme de Julienne à qui je baise les mains. »

Le *Rendez-vous de Chasse* (Coll. Wallace, H. 1,24, L. 1,87) est une des plus grandes toiles qu'il ait couvertes. Il est digne du maître et ne laisse voir aucune défaillance. Jamais Watteau n'a peint des étoffes d'un ton plus caressant, d'une couleur plus chantante que les deux grands manteaux rose et bleu qui accompagnent les robes blanches des deux femmes assises au premier plan.

L'hiver vient. Watteau sent bien que son mal s'aggrave, que ses forces de jour en jour diminuent. Il craint d'être importun. Il ne veut pas imposer à Gersaint l'embarras d'un homme qui, du jour au lendemain, peut mourir. Il veut partir. « J'aurais résisté inutilement, écrit Gersaint, il était volontier et il ne fallait pas répliquer. Je le satisfis donc. » Crozat, dont le nom mérite de rester associé au nom des vrais amis, avait demandé à la Rosalba de peindre pour lui un portrait de Watteau.

La Rosalba conte dans son *Diario* qu'en février 1721 elle alla chez le peintre, dîna avec lui au Palais-Royal, prit rendez-vous et exécuta au pastel le portrait dont la trace est aujourd'hui perdue.

Le soleil du printemps ne rend pas ses forces au malade. D'une marche lente et sûre le mal suit son cours. Watteau prit en dégoût le séjour de la ville, il imagina que la campagne, le grand air, lui rendrait la santé, tout au moins atténuerait ses souffrances. Il voulut y partir sans retard. Sur les instances d'un de ses amis, l'abbé Haranger, Le Fèvre, intendant des Menus-plaisirs de sa Majesté, consentit à lui prêter sa maison de Nogent, tout près de Vincennes et de la maison des Julienne à Saint-Maur. Il s'y transporta, mais ne fit plus désormais que languir. Il travaille encore, il fait à la pierre grise et à la sanguine des paysages, dont quelques-uns nous ont été conservés. Ses amis vont le voir. Mme de Julienne le regarde dessiner et peut-être, assise auprès de lui, s'essaie sur le même motif.

Le 13 mai, alors qu'il n'avait point encore quitté Paris, il écrivait à de Julienne :

« Je vous fais le retour du grand tome premier de l'écrit de Léonardo de Vincy, et en mesme temps, je vous en fais agréer mes sincères remerciements. Quant aux lettres en manuscrit de P. Rubens, je les garderai encore devers moi si cela ne vous est pas trop désagréable en ce que je ne les ai pas encore achevée ! Cette douleur du côté gauche de la tête ne m'a pas laissé sommeiller depuis mardi et Mariotti veut me faire prendre une purge dès demain au jour, il dit que la grande chaleur qu'il fait l'aidera à souhait. Vous me rendrez satisfait au delà de mon souhait si vous venez me rendre visite d'ici à dimanche, je vous montrerai quelques bagatelles comme les païsages de Nogent que vous estimez assez par cette raison que je fis les pensées en présence de Mme de Julienne à qui je baise les mains très respectueusement. Je ne fais pas ce que je veux en ce que la pierre grise et la pierre de sanguine sont fort dures en ce moment, je n'en puis avoir d'autre. »

Les derniers jours approchaient. Comme il arrive dans la fièvre du mal dont il était consumé, Watteau formait encore des projets. Il voulait partir pour Valenciennes, il espérait se rajeunir au souvenir de sa jeunesse. Dans ses derniers jours, il peignit pour le curé de Nogent un *Christ en croix* qui est perdu. « Si ce morceau, dit Caylus, n'a pas la noblesse et l'élégance qu'un tel sujet exige, il a au moins l'expression de douleur et de souffrance qu'éprouvait le malade qui le peignait. » D'Argenville raconte que, comme le curé de Nogent, l'exhortant à la mort, lui présentait un crucifix grossier, il s'écria : « Otez-moi ce crucifix, il me fait pitié, est-il possible qu'on ait si mal accommodé mon maître ». Il mourut dans les bras de son ami Gersaint le 16 juillet 1721. Son dernier acte est un acte de générosité qui montre ce que cachait de bonté sa misanthropie ombrageuse. Le sculpteur valenciennois, Antoine Pater, lui avait amené son fils Jean-Baptiste, quand celui-ci était venu à Paris pour achever son éducation artistique. Ce devait être aux environs de 1714, et c'est au cours de cette visite, sans doute, qu'il exécuta le portrait de son vieil ami, la main sur un moulage antique, le visage aux traits durs, à la bouche amère, modelé par une vie de luttes et de déboires, le seul de ses portraits où il se montre un grand portraitiste, un homme qui, d'instinct, dans les traits et les volumes d'une tête lit et écrit une vie et un caractère. Trop impatient pour se prêter à la faiblesse et à l'avancement d'un élève, un peu jaloux, de son propre aveu, de la facilité et des progrès de son jeune compatriote, il eut la dureté de le renvoyer. Dans le recueillement des derniers jours, ce souvenir lui devint douloureux. Pris de remords, il voulut racheter cette méchante action. Il appela Pater auprès de lui, le fit travailler sous ses yeux, lui prodigua les conseils, mettant dans ses entretiens suprêmes l'héritage de son expérience et de ses réflexions sur l'art de peindre.

« Il me pria, dit Gersaint, de le faire venir à Nogent pour réparer en quelque sorte le tort qu'il lui avait fait en le négligeant. Il le fit travailler devant lui et lui abandonna les derniers jours de sa vie... Pater m'a souvent dit, depuis, qu'il devait tout ce qu'il savait à ce peu de temps qu'il avait mis à profit. »

Cette œuvre de réparation s'accompagnait en Watteau des grandes pensées qui s'éveillent à cette heure en toutes les âmes. Le culte de son imagination n'a rien de chrétien. Mais sa peinture n'était que le jeu de sa fantaisie, il ne se piquait point de philosophie, il n'était pas esprit fort, et il allait, le dimanche, entendre la messe de dix heures à Saint-Germain-l'Auxerrois (billet à Gersaint). Il mourut, comme mourait alors les honnêtes gens, chrétiennement.

L'Académie royale de peinture se contenta d'ajouter une ligne au procès-verbal de la séance : « La mort de M. Antoine Watteau, peintre académicien, a été annoncée. » Mais les amis sentirent la perte qu'ils venaient de faire.

« Nous avons perdu le pauvre M. Watteau, écrit Crozat à la Rosalba. Il a fini ses jours le pinceau à la main. » Antoine de la Roque, qui a pris la direction du *Mercure de France*, écrit dans sa gazette : « Les beaux-arts ont fait une grande perte, vers la fin du mois dernier, en la personne du sieur Watteau, professeur à l'Académie royale de peinture, qui est mort d'une maladie du poumon, seulement âgé de trente-sept ans, âge fatal à la peinture. Le fameux Raphaël d'Urbin et Eustache Lesueur sont morts à cet âge-là. De Julienne se prépare à élever à son ami le plus précieux des monuments et, dans la préface aux *Figures de différents caractères*, il écrira :

« On ne s'est guère avisé de faire graver les études des peintres. Cependant, on espère que le public verra d'un œil favorable les dessins du célèbre Watteau qu'on lui présente ici. Ils sont d'un goût nouveau ; ils ont des grâces tellement attachées à l'esprit de l'auteur qu'on peut avancer qu'ils sont inimitables. »

Watteau a été malheureux, il n'a pas fait de son malheur l'objet de sa pensée. Il a gardé ses douleurs pour lui-même, il a donné aux autres sa grâce, sa fantaisie, une joie qu'une ombre de mélancolie fait plus délicate et plus rare, comme le soleil qui descend fait plus chère la fin d'un beau jour. Sur son caractère inquiet et changeant, sur sa misanthropie, sur son sens très éveillé du ridicule, tous ses amis sont d'accord.

« Il était de taille moyenne et de faible constitution, écrit Gersaint ; il avait le caractère inquiet et changeant, il était entier dans ses volontés, libertin d'esprit, mais sage de mœurs ; impatient, timide, d'un abord froid et embarrassé ; discret et réservé avec les inconnus ; bon, mais difficile ami ; misanthrope, même critique, malin et mordant, toujours mécontent de lui-même et des autres et pardonnant difficilement ; il aimait beaucoup la lecture, c'était l'unique amusement qu'il se procurait dans son loisir. »

De Julienne, l'ami le plus fidèle, résume son jugement dans cette phrase qui finit sur un trait d'une indulgence charmante : « Il avait l'esprit vif et pénétrant et les sentiments élevés, il parlait peu mais bien et écrivait de même, il méditait presque toujours, grand admirateur de la nature et de tous ceux qui l'ont copiée ; le travail assidu l'avait rendu un peu mélancolique, d'un abord froid et embarrassé, ce qui le rendait quelquefois incommode à ses amis et souvent à lui-même ; *il n'avait point d'autre défaut* ».

CHAPITRE V

CARACTÈRE DE WATTEAU : L'HOMME ET L'ARTISTE. — LE GÉNIE DE WATTEAU. — IL EST UN PEINTRE FRANÇAIS. — SON STYLE : LA POÉSIE DE L'ESPRIT. — SON INFLUENCE SUR LES ARTISTES DU XVIII° SIÈCLE.

William Pater, le maître le plus délicat de la critique anglaise, dans ses *Portraits imaginaires*, a consacré un article à Watteau, *prince of court painters*. Il feint d'avoir retrouvé un ancien journal écrit de 1701 à 1721 par la fille du sculpteur Pater. La jeune femme ne trahit son amour que par la curiosité passionnée avec laquelle, dans sa solitude provinciale, elle suit de loin le jeune peintre, s'efforce de surprendre le mystère de sa nature et le secret de son art. L'idée de W. Pater, c'est que Watteau a dans le cœur et l'esprit un sérieux qui l'élève au-dessus des sujets qu'il traite. Le charme et la mélancolie de son œuvre s'expliquent par ce contraste, par la supériorité intellectuelle et morale de l'artiste qui n'est pas dupe de la vie élégante, alors même qu'il en subit la séduction.

« 8 octobre 1701 : La grossièreté de son milieu a changé son goût pour les grâces, même les plus simples de la vie, en un besoin physique, comme la faim ou la soif, qui pourrait devenir une passion... Juin 1705 : Il y a en lui un air de réserve, un sérieux qui me fait songer à un de ces graves hommes d'Etat hollandais, tel que fut le fameux Guillaume le Taciturne. Février 1715 : Si j'entends quelque chose à ces matières, Antoine Watteau peint cette vie délicate de Paris avec tant de charme et d'esprit parce qu'au fond il la regarde de haut et la méprise. Août 1717 : En vérité, Watteau restera toujours le fils du couvreur. Il ne dépassera jamais sa première éducation, et ces choses légères toujours posséderont pour lui une sorte de valeur symbolique et empruntée évoquant ce monde impossible ou défendu, que le fils du couvreur entrevoyait à travers les portes closes du jardin enchanté. Les grâces frivoles et mesquines, signes apparents d'un monde plus noble d'aspiration et d'idée, même maintenant qu'il connaît, comme je le crois, leur réelle petitesse, lui apportent par le pouvoir de l'association toute la vieille ivresse magique de son rêve, ce rêve d'un monde meilleur que le monde réel. C'est là, j'imagine, le secret de son succès. Certes, ce monde gagne à réfléchir ainsi sa réalité pauvre et grossière dans l'esprit d'un homme qui rend tous ses caprices de la hauteur d'un Corneille (from the height of a Corneille). »

Cette psychologie me paraît fort aventureuse dans sa subtilité. Watteau a pris les éléments de son œuvre là où il les a trouvés, à l'Opéra et au théâtre de la foire autant que dans les salons de Crozat. Si Watteau avait eu l'âme d'un Corneille, il en aurait fait passer l'héroïsme dans son langage et dans sa pensée. La vérité est qu'il s'est révélé dans son art tel qu'il était avec ses qualités et avec ses défauts et, ce que nous renvoie son œuvre, c'est bien l'image de son esprit.

Regardez les dessins de Watteau, ses tableaux, son œuvre gravée ; ce qui d'abord vous frappe, se dégage des impressions multiples, c'est l'esprit, quelque chose de vif et d'allègre, la verve d'une observation qui se joue à la surface des choses, un art de souligner l'expressif sans y insister, une manière de prendre la vie légèrement, d'y faire passer le sourire d'une ironie sans amertume, une touche fine, prompte, qui met dans un contour, dans un accord de tons l'imprévu, la surprise, la justesse d'un mot heureux dans l'entraînement de la causerie. Tous les amis de Watteau s'accordent à dire « qu'il était né sarcastique », qu'il « démêlait et rendait à merveille les ridicules de ceux qui venaient l'interrompre » dans son travail et l'importuner ; ils nous le montrent « faisant volontiers quelque plaisanterie d'un grand sang-froid, accompagné d'un air doux qui lui était naturel ». (Caylus.) Peintre, Watteau garde le don et le goût de l'observation il excelle à saisir le mouvement, non pas celui qui trahit l'énergie de la volonté ou l'ardeur de la passion, mais tous les gestes vifs, spirituels, un port de tête, un jeu de physionomie, un balancement de hanches, les élégances de la démarche féminine, les manèges de la coquetterie, toute la mimique des conversations galantes qui, comme dans la voix, dans tout le langage du corps, mettent le frémissement léger de l'émotion amoureuse.

Mais l'esprit de Watteau a ce charme unique d'être grâce et sentiment. Cet homme « caustique » est un « timide » et un poète. Chose inattendue, l'artiste qui ne peint de la nature que le décor enchanté des jeux de l'amour, le peintre dont les paysages sont faits pour l'homme, pour ses fêtes, est un misanthrope. Watteau était sombre, « mélancolique », il avait « le dégoût de lui-même et de tous les hommes » ; il dédaignait le succès, il s'irritait des compliments, il se dérobait aux curieux, il cachait sa retraite et il demandait qu'on n'en trahît point le secret. Mais ce misanthrope sans méchanceté était un naïf, un enfant : « il était continuellement la dupe de tout ce qui l'entourait », non par manque de jugement, mais par faiblesse, par défaut de résistance, par une sorte de lassitude et de négligence. Avec les amis qui, n'étant pas des étrangers, ne troublaient point sa solitude, il redevenait l'homme de son œuvre, « agréable, tendre et peut-être un peu berger » (Caylus). Il apportait à la vie réelle une insouciance mêlée de mauvaise humeur. Il ignorait les ivresses banales de la vanité : il dédaignait ses œuvres faites ; il lui arrivait d'effacer un tableau achevé. Il avait l'impatience de toute servitude ; il vivait au jour le jour, librement, sans s'inquiéter du lendemain. « Il n'aimait point l'argent et n'y était nullement attaché » (Caylus) ; il poussait le désintéressement jusqu'à s'emporter contre son ami Gersaint, qui voulait lui donner de ses œuvres « un prix raisonnable ». Un jour que Caylus lui adressait des remontrances et cherchait à l'effrayer par l'image de l'avenir, de ce qu'il cachait de possible et d'inconnu, il n'en obtint que cette réponse : « Le pis aller, n'est-ce pas l'hôpital ? On n'y refuse personne ». Watteau est un poète autant qu'un observateur ; on ne le trompe pas, il sait voir les choses et les hommes comme ils sont, mais il se détourne de ce qui le froisse, il s'y refuse ; il semble que le contact du monde réel trop rude blesse ce rêveur de choses ailées : il se réfugie dans le monde féerique qu'évoque sa fantaisie, il ne demande à la nature que les images qui lui en donnent la vision précise et la réalité pittoresque.

Cette poésie, où se fondent la grâce, l'émotion et l'esprit, se lie au tempérament de l'artiste, en exprime les faiblesses et les ardeurs. Watteau est un malade : atteint aux sources mêmes de la vie, il meurt lentement de la poitrine ; son inconstance, la mobilité qui l'entraîne à changer sans cesse de logement, n'est que l'inquiétude de l'être blessé qu'agite le besoin de laisser quelque part le mal qui l'oppresse. Il emporte avec lui le songe du pays où l'on ne souffre ni ne meurt, où la vie s'écoule dans les jeux d'un loisir sans ennui que remplit l'illusion toujours renaissante de l'amour. « Il était libertin d'esprit, mais sage de mœurs », dit Gersaint ; et Caylus : « Il était naturellement sobre et incapable d'aucun excès. La pureté de ses mœurs lui permettait à peine de jouir du libertinage de son esprit ».

Le réalisme de l'ancien mousquetaire, dont on sait le cynisme, enlève au critique l'intelligence de l'art délicat de son ami. Pour parler son langage, nul n'a plus que Watteau, « joui du libertinage de son esprit » ; il l'a transposé dans un rêve charmant dont il s'est enchanté lui-même et dont il a laissé pour tous l'inoubliable image. Sa poésie est la poésie du désir, mais du désir qui n'aspire point à se détruire lui-même, qui se complaît dans sa propre fièvre, s'attarde à l'espoir d'un bonheur qu'il redoute, savoure la demi-ivresse qui précipite le cours des idées et des images, en accélérant doucement le rythme du cœur. Il aime de la femme la coquetterie, les mouvements onduleux, tout ce qui met dans son attitude, dans son geste, le souvenir et comme la promesse de l'abandon ; il aime de l'amour ses préludes, les longs entretiens, les mots murmurés à voix basse, les mains et les lèvres qui s'égarent ; il en oublie les réalités brutales pour n'en garder que le jeu troublant, l'espèce d'enchantement qui, dans un recul de rêve, évoque le décor de ses fêtes galantes. Une ombre de mélancolie voile ce monde fragile, où le sentiment n'est que la grâce de l'esprit, ronde d'Obéron et de Titania, songe d'une nuit d'été que les premières lueurs du jour vont dissiper. Sa fantaisie spirituelle se pose sur les fleurs sans les flétrir, elle garde quelque chose d'ailé qui la soutient et l'empêche de s'abaisser.

* * *

La manière dont compose Watteau, sa méthode de travail nous apporte une révélation précieuse sur les dons de son génie. Ce poète est un réaliste. L'observation et la fantaisie se pénètrent intimement dans son esprit et dans son œuvre. Il aime la nature, l'oubli que donne sa contemplation, l'effort pour la rendre et pour l'égaler. Il ne se lasse pas de dessiner d'après le modèle vivant. « Il trouvait plus d'agrément à dessiner qu'à peindre, écrit Gersaint. Je l'ai vu souvent se dépiter contre lui-même de ce qu'il ne pouvait point rendre en peinture l'esprit et la vérité qu'il savait donner à son crayon ; » et Caylus : « le dessin avait pour lui un attrait infini. Le contact perpétuel avec la nature l'a sauvé de la manière et lui a permis de garder la vérité du geste et le sens de la vie. »

Rien n'est plus instructif que l'étude des dessins des maîtres. Ils ne les ont pas faits pour nous, mais pour eux-mêmes. La pensée s'y cherche, y jaillit dans son premier jet, s'y poursuit dans son progrès successif. Prenez les *Figures de différents caractères*, les dessins que gardent nos musées (Louvre, British Museum) vous ne trouverez pas une seule composition, rien que des études d'après le modèle vivant. Quand Gersaint a l'occasion de parler d'un tableau, des scènes militaires ou même de la fameuse enseigne, il ajoute : « le tout d'après nature ». Seulement, alors que Watteau regarde la nature en ne croyant que la refléter, il voit d'abord en elle ce qui l'émeut, ce qui répond à l'image intérieure, aux petites scènes que dans une sorte de lointain il entrevoit. Quand il a revêtu d'habits de comédie les amis qui consentent à poser, il donne aux visages plus d'acuité, plus d'esprit, aux corps plus de sveltesse, aux gestes plus de liberté et déjà les accorde au rôle qu'il leur fera jouer. Dans la belle femme qu'est la servante, il voit la belle dame qu'elle pourrait être, il serre la forme, il affine les attaches, il la montre fière, mutine, coquette, ingénue.

Le témoignage de Caylus, qui souvent l'a vu travailler, nous est ici précieux :

« Le plus ordinairement il dessinait sans objet. Car jamais il n'a fait ni esquisse, ni pensée pour aucun de ses tableaux, quelque légères et quelque peu arrêtées que ç'a pu être. Sa coutume était de dessiner ses études dans un livre relié, de façon qu'il en avait toujours un grand nombre sous la main... quand il lui prenait gré de faire un tableau, il avait recours à son recueil. Il y choisissait les figures qui lui convenaient le mieux pour le moment. Il en formait ainsi ses groupes le plus souvent en conséquence d'un fond de paysage qu'il avait conçu ou préparé. Il était rare même qu'il en usât autrement. »

Il n'est pas juste de dire que Watteau dessine sans objet. Sans doute, en face du modèle, il l'étudie pour lui-même, mais il l'imagine autant qu'il le voit. La réflexion n'éclaire pas toutes les démarches du génie. Son œuvre est comme tout entière présente en lui, il ne cesse d'y travailler et, l'heure venue, il en détache, si j'ose dire, les scènes particulières qu'il peint tour à tour. Quand Caylus dit qu'il ajoute les figures au paysage, il ne voit que le travail extérieur. Dans le travail intérieur, profond, auquel il n'assiste pas, que le peintre lui-même plus ou moins ignore, le paysage est le milieu naturel des figures qui l'animent, il ne les appelle que parce qu'il est créé par elles et pour elles.

D'ailleurs, du dessin à la peinture, la transition chez Watteau est insensible. Son dessin est un dessin de coloriste. Il ne cherche pas l'arabesque de la ligne, il ne construit pas les volumes par l'opposition des clartés et des ombres ; avec la sanguine, rehaussée de pierre noire et parfois de blanc, par la facture, par je ne sais quel frémissement il donne l'impression de la couleur. Il manie ses crayons comme sa brosse. Son dessin est déjà peint, il est une peinture simplifiée dans ses tons, qui les fait comme pressentir, et où s'indiquent les jeux et les touches du pinceau. Quand, devant sa toile, il ouvre son album et choisit son personnage, il n'a qu'à suivre le dessin qu'il consulte, et le transposer en y ajoutant la variété des tons.

Cette manière de composer explique ce que nous trouvons d'un peu décousu dans ses premières œuvres. Ses scènes militaires sont animées, spirituelles, mais les épisodes et les groupes s'y juxtaposent, la foule des petites figures s'y repousse et s'y coudoie sans ordre. La *Mariée du Village* (Potsdam), tableau d'ailleurs ruiné, nous montre encore dans un petit cadre (0,47 × 0,55) sans parler d'un carrosse à deux chevaux, plus de cent personnages dont il est superflu de dire qu'ils n'ont de commun que le fait d'assister à la noce. Sur le même thème, le *Contrat* (Prado, Madrid) reste encore assez confus. L'*Accordée de Village* (Londres, Joane Museum), le mieux conservé de ces tableaux, par les rappels de tons, la disposition des groupes, les parti-pris de lumière et d'ombre, atteste un plus grand souci d'équilibre et de clarté.

Alors, comme aujourd'hui, les amateurs prétendaient enfermer à jamais le peintre dans les sujets et la manière qui les avaient d'abord séduits. Ils voulaient de Watteau, dans de tout petits cadres, une foule de personnages. Mais Watteau était trop désintéressé pour s'asservir. De plus en plus, en même temps qu'il modifie sa technique, il grandit la dimension de ses toiles et, au lieu de les encombrer, il ordonne ses groupes, il les relie l'un à l'autre, sans renoncer à l'aisance, à la liberté, à ces figures d'arrière-plan qui laissent à cet art plus réfléchi la spontanéité et comme le désordre apparent de la vie.

Watteau a eu cette rare fortune de se mettre tout entier dans une œuvre qui, faite de la grâce de son esprit, en reste le témoignage et le vivant symbole. L'*Embarquement pour Cythère* est le tableau qu'il présenta pour sa réception à l'Académie. Baigné dans une atmosphère blonde, où le souffle de la brise lente porte la caresse d'une musique légère, le paysage prolonge ses contours nonchalants ; entre les collines bleuies, dont une lumière douce argente les sommets, le fleuve alangui coule, réfléchissant le ciel et ses rives et, sur ce fond de rêve, ondule la ligne des pèlerins — robes de satin, petites vestes et manteaux courts, blancs, roses, bleus, relevés et soutenus par les bruns — déroulant dans son unité les épisodes variés de ce poème de l'amour sans hâte et sans fièvre. Assise sur un banc, que domine un buste de Cypris sortant d'un terme de marbre où montent et s'épanouissent des roses, celle-ci écoute l'homme à genoux qui se soulève vers elle, et son visage penché laisse déjà lire le charme des paroles troublantes ; celle-là s'est laissé convaincre et, d'un geste décidé, tend les deux mains vers l'amant qui la relève ; grande, belle, sérieuse encore, déjà prête au départ, cette autre, le bras de celui qui l'entraîne autour de la taille, se retourne et regarde le couple qui se relève comme pour l'attendre et s'enhardir de son exemple ; au bas du tertre, sur le chemin, avec la familiarité des premiers pas faits, les couples joyeux, enlacés, souriants — l'une, de ses deux mains suspendue au bras de l'aimé — s'en vont vers la galère d'or enguirlandée de roses, où deux nochers nus attendent, appuyés sur leurs rames, tandis qu'au dessus tourbillonnent les petits Amours lancés comme une volée de fleurs ; et de la causerie timide encore, où la voix hésite et tremble, aux mains qui se pressent, aux bras qui se serrent, aux lèvres qui se cherchent, aux baisers qui montent avec un bruit d'ailes, c'est, en ces groupes divers, le même sentiment qui naît, grandit, développe ses épisodes successifs, le même chant visible dont la ligne au rythme onduleux relie les stances l'une à l'autre.

L'*Embarquement pour Cythère*, c'est le poème de l'amour délicat où l'esprit s'émeut avant le cœur, où l'imagination se trouble avant les sens, le poème des sympathies soudaines, des abandons sans résistance, des rencontres qui font les bonheurs d'un jour inoubliables ; c'est un pays féerique où tout se dispose de soi-même pour cet enchantement du caprice amoureux, les guirlandes de roses et d'amours envolés, le bruissement des feuillages légers, les bosquets qui offrent leur retraite aux couples lassés, le reflet mélancolique du paysage, au soleil couchant, dans les eaux dormantes. Dans ce monde du rêve, on ne connaît ni le regret, ni le remords, ni les tumultes de la passion, ni les déchirements des sentiments contraires ; les âmes descendent une pente douce qui, de la causerie spirituelle et galante, avec des lenteurs de menuet, les mène à l'amour, sans déranger les plis des robes de satin aux cassures lumineuses ; de la vie il ne reste que l'amour, et de l'amour que le rêve d'un poète soudain épris un soir de bal, dont l'enchantement se mêle de la mélancolie secrète des réveils prochains.

L'*Embarquement pour Cythère*, que possède le musée du Louvre, est une esquisse ; en respectant les grandes lignes de sa composition, Watteau la compliqua, l'enrichit et fit un tableau qu'acquit son ami de Julienne. Des mains de Julienne il passa dans celles de Frédéric, et il appartient aujourd'hui à l'Empereur d'Allemagne. Des deux œuvres quelle est la plus précieuse ? La question est assez oiseuse, la vérité est qu'elles sont autres. Le tableau du château de Berlin est plus meublé, plus brillant, plus fleuri. Au lieu d'un simple buste, sur un piédestal se dresse une statue de Vénus que lutinent des amours ; au pied de la statue de nouveaux groupes remplissent tous les vides laissés dans l'esquisse ; enfin, dans l'ouverture du paysage, se dresse un mât d'où pend une voile et qu'entoure une gerbe d'amours envolés. Dans l'esquisse il y a plus de poésie, plus de mystère ; les premiers plans sont dans le silence, les groupes un peu reculés s'attendent, s'appartiennent, sont à leurs propres sentiments ; dans le tableau la fête a tout envahi, les groupes rapprochés n'ont qu'à suivre le flot qui les pousse, le poème délicat se perd dans le bruit des voix et dans l'éclat des choses.

***

Watteau est né à Valenciennes six ans après sa réunion à la France ; Julienne lui donne le titre de « peintre flamand de l'Académie royale » ; mais, s'il est vrai qu'il doive quelque chose à ses origines, nul peintre, par ses qualités comme par ses défauts, par sa poétique, par sa facture même, n'est plus à nous. S'il emprunte les éléments de son langage pittoresque à Anvers et à Venise, de ces éléments empruntés il se fait un langage qui est à lui, d'un accent très individuel et bien français. Sa peinture transpose l'éloquence et la splendeur de ces maîtres dans une langue vive, alerte, spirituelle ; aux grands partis pris, aux effets puissants, largement contrastés, elle substitue les petits effets de lumière, les jeux d'un rayon dont le caprice ingénieux fait éclater un pli de satin, touche une oreille, une nuque dorée, caresse un profil souriant. Les dessins dont il ne se lassait pas de remplir ses albums, reculant l'heure de peindre les tableaux charmants dont il restait toujours mécontent, révèlent tout ce qui peut tenir d'esprit dans un contour, dans un modelé, tout ce qui passe de la verve de l'artiste dans le mouvement de la main que mène l'image intérieure. Non seulement l'exécution est merveilleuse, avec un mélange de crayon blanc et de sanguine rend les transparences de la chair, donne à un dessin aux trois crayons la souplesse et comme la fluidité de la peinture à l'huile, mais c'est la vie même qui agite et précise le contour sinueux et ferme, crée le langage mobile qui l'exprime.

Et des têtes qui couvrent les précieux feuillets, c'est l'esprit français qui rayonne : vous n'y trouvez ni le sérieux un peu âpre de Florence, ni la morbidesse milanaise, ni la lenteur flamande ; ce sont visages alertes qui ne peuvent se taire, dont les traits, même au repos, sont en mouvement, dont les lèvres se recourbent en un arc léger, dont la bouche et les yeux vont sourire, dont la ligne du nez tremble, dont les narines mobiles frémissent. Les justaucorps de soie, les petits manteaux vénitiens, les robes chiffonnées, pimpantes, par l'indication spirituelle des plis, remuent et vivent. C'est la mimique de l'esprit, toutes les attitudes qui soulignent les « oui », les « non », les « peut-être », tous les gestes vifs et comme les intonations qui sont la moitié de l'esprit dans les sous-entendus des causeries légères. Vous voyez cet homme de profil, un béret sur la tête, une collerette blanche autour du cou, l'œil vif, grand ouvert, le nez courbé, dont la ligne frémit (Louvre, 1 322) ; et ces femmes (Louvre, 1 326), celle-ci de profil, les yeux baissés, dont l'ingénuité n'est que l'attente de l'amour ; celles-là de face, de trois quarts, la gorge hors du corsage en pointe, s'exerçant à tous les jeux du sourire et du regard ; ces mains agitées, parlantes, dont les doigts s'allongent au manche de l'éventail ; « toutes ces pensées du matin » où le peintre mêle sa rêverie à l'étude de la nature, laisse l'œuvre naître, se préparer lentement : les fins adolescents, les joueurs de flûte, les femmes assises qui se relèvent, les personnages et les groupes que vous retrouverez disposés dans les paysages des *Fêtes galantes*,

A Dresde, à Potsdam, à Berlin, à Londres, jamais je n'ai rencontré Watteau sans me sentir comme rafraîchi d'un souffle d'air natal. Il a prouvé, une fois de plus, par l'initiative imprévue du génie, la vanité des formules par lesquelles le pédantisme prétend fixer d'avance les limites de l'invention dans l'idéal. Volontiers on oppose l'esprit à la poésie, on y voit un souffle desséchant qui tarit le sentiment à sa source. Watteau a créé la poésie de l'esprit, il a su trouver les insensibles nuances par lesquelles il se transpose dans l'émotion d'un rêve capricieux et charmant. Il échappe aux défauts qu'on reproche souvent à nos peintres, il reste dans les conditions de son art, il ne cherche ni la psychologie ni l'éloquence, il ne pense pas avec des mots, il ne traduit pas ; la peinture est son langage naturel. Les moyens d'expression directe, que lui donnent la ligne et la couleur, lui suffisent ; il est spirituel sans rien de littéraire. Il n'exprime pas tout l'esprit français, ni même ce qu'il a de plus élevé ; mais ce Flamand est le peintre français par excellence, s'il est vrai que de l'esprit national il rend ce qui, surtout, le distingue et l'oppose, l'agilité, l'ironie, la coquetterie, toutes les grâces qui ont séduit et parfois irrité le monde et si de ces éléments, par une combinaison imprévue, il fait sortir l'émotion, l'illusion poétique et le charme pittoresque.

Watteau est un exemple frappant de ce qu'il y a d'insuffisant dans toute théorie qui veut expliquer le génie par le dehors, par son milieu. A ne consulter que ses œuvres, qui s'aviserait de le faire naître en 1684, qui devinerait que, des trente-sept années de sa trop courte vie, trente et une se sont écoulées sous le règne de Louis XIV ? Les formules simplistes ne réussissent que par la négligence des faits qui les démentent. Watteau ne reçoit pas de son temps sa sensibilité, sa poésie ; il les découvre en lui-même, et ses œuvres le propagent. Que de bonnes raisons on trouverait et dans les événements contemporains et dans sa propre vie, pour qu'il eût fait le contraire de ce qu'il fit ! Il ne lui vient des choses que des images de tristesse. Je sais peu d'époques où la France ait été aussi éprouvée, aussi lasse qu'à la fin du règne de Louis XIV. Les défaites se succèdent, ouvrent les frontières à l'ennemi. Allumée par la persécution religieuse, la guerre civile s'ajoute à la guerre étrangère. Le peuple meurt de faim ; la cour est assombrie par les deuils successifs ; le dauphin et le duc de Bourgogne, le fils, le petit-fils, les arrière-petits-fils du roi sont emportés coup sur coup. L'hypocrisie de la dévotion ajoute à ces tristesses le poids d'un mortel ennui. La vie de l'artiste ne semble pas faite pour atténuer ces impressions, auxquelles elle est singulièrement accordée : ses débuts sont pénibles ; il arrive à Paris sans appui, sans argent ; il se voit condamné à un labeur obscur de copiste machinal ; sans parler des privations, l'ardeur d'apprendre fait plus douloureuse l'impatience des heures perdues ; sa santé délicate s'accommode mal de ces épreuves, il y prend les germes de la maladie qui altère son humeur, lui enlève la joie du succès, le tue en vain travail. Vous chercherez vainement au dehors, dans je ne sais quelle fatalité étrangère à l'âme de l'artiste, le secret de ce talent ingénieux et charmant qui n'ajoute au sourire des choses une mélancolie discrète que comme un voile léger qui en achève la grâce.

En 1709, il est à Valenciennes — l'année du terrible hiver. La France est aux extrémités, Villars court à Versailles supplier le roi de donner au moins du pain à ses soldats. C'est à cette armée que Watteau emprunte ses sujets militaires. Il dessine, il peint sur nature (Gersaint), mais il ne voit de la guerre que ce qui répond à son génie, il en tire des scènes familières, les incidents joyeux ou comiques de la vie d'aventure, des groupes pittoresques sur un fond de paysage.

Il est facile de dire que le Watteau des fêtes galantes est le peintre de la Régence, mais, en tout cas, il la devine, il la devance, et peut-on dire, au demeurant, qu'il y trouve ses modèles ? Les soupers du Régent sont de sales débauches, où le plaisir tourne à la rage de s'encanailler. Emportées par un vent de folie, les héroïnes du temps sont des bêtes gloutonnes, — la Parabère, la duchesse de Berry, la fille et les maîtresses du Régent — qui s'emplissent de nourriture à déborder, boivent jusqu'à la lourde ivresse, lancent dans leurs hoquets les chansons et les propos de corps de garde. Watteau ne nous dit rien de pareil, il n'emprunte à son temps, comme à la nature, que les images qui conviennent à son rêve. Le poète guide l'observateur. Ainsi que le pauvre à travers la grille fermée, regarde le château mystérieux dans l'encadrement des grands arbres du parc, le fils du couvreur, épris d'élégance, a regardé jadis ce beau monde de loin ; même quand il s'en est approché, quand il en a connu la misère et la petitesse, l'image qu'il s'en est créée est restée le symbole pour lui d'une réalité meilleure et plus douce. Il ne garde de la femme que la grâce de ses mouvements, les gestes, les attitudes qui répondent aux formes qu'il veut évoquer; il ne copie pas ce qu'il voit, il le met à profit pour créer un monde qui est à lui, des êtres, dont l'amour est toute la vie, mais qui en cherchent surtout l'attente et les promesses, qui se nourrissent de chants et de parfums et s'en vont ivres de cette ivresse vers les bonheurs qui n'existent pas.

Watteau peint en poète, au moment même où la poésie est dédaignée, où l'écrivain à la mode est un Lamotte-Houdard, qui s'étonne « du ridicule des hommes qui ont inventé un art tout exprès pour se mettre hors d'état d'exprimer exactement ce qu'ils voudraient dire », et qui refait l'*Iliade* froidement, en supprimant tout ce qui la dépare — la couleur, le sentiment de la vie. Il est vrai que Marivaux semble transposer dans son théâtre la poésie de Watteau, surprendre les causeries qui, dans les grands parcs, s'accordent au murmure des feuillages et des eaux et, prolongeant l'émoi des amants, mêlent les caresses de la voix tremblante aux sons de la flûte envolés dans l'air du soir. Mais Watteau est mort depuis vingt ans lorsque Marivaux, avec quelque chose de plus maniéré, de plus réfléchi, avec moins de richesse et de verve, reprend ce poème de l'amour délicat qui s'attarde à jouir de lui-même.

Watteau est un révolutionnaire ; sans faire de

manifestes ni de théories, rien qu'en obéissant à son génie, il domine l'art de son temps. Pour expliquer les changements de la mode et du goût, il faut tenir compte d'une loi de la sensibilité humaine, du besoin de changement qui entraîne la société comme l'individu. Les successeurs de Lebrun continuaient le style solennel, l'idéal de grandeur emphatique du maître, en y joignant l'ambition et le vide de l'école bolonaise. Watteau laisse là les traditions de l'école de Versailles ; aux grandes surfaces peintes, il substitue ses petits tableaux de chevalet, ses panneaux décoratifs ; aux Grecs et aux Perses, à David et à Alexandre, il préfère les petits soldats français de Villars, qui défilent sous ses yeux ; aux vagues déesses qui se dérobent dans les nuages, les belles dames d'allures coquettes qui paradent au bras de leurs amants, devant la terrasse du Luxembourg. Mais il ne doit qu'à lui-même son style, sa poésie, l'âme de caprice, de coquetterie, de fantaisie amoureuse et spirituelle dont il anime son œuvre. Le véritable artiste paraît souvent au moment où l'on serait tenté de mettre en doute l'avenir de l'art par l'impuissance de deviner les formes nouvelles qui le rajeuniront. Il ne trouve pas ces formes nouvelles dans l'école qui meurt lentement, et dont les représentants attardés gardent la faveur et les places, dans la vague attente d'un public qui ne sait pas ce qu'il désire ; il les invente, elles naissent de son sentiment ; elles en ont l'imprévu et la spontanéité. Le public, le plus souvent, d'abord résiste ; quelques novateurs se groupent, entraînent la masse ; un beau jour, les adversaires se sont transformés en admirateurs, sans qu'ils sachent eux-mêmes comment la conversion s'est opérée. Au moment où Watteau peint, il est bien accueilli par les amateurs ; mais les grands peintres sont alors les anciens collaborateurs de Lebrun, les représentants de l'école, Jouvenet, Antoine Coypel, de la Fosse, Rigaud. En 1748, près de trente ans après sa mort, le jour où Caylus lit son éloge devant ses confrères de l'Académie royale de peinture, « connaissant tout l'effort nécessaire à la nature pour la production d'un grand peintre d'histoire », il y apporte toutes les restrictions que lui paraît exiger d'un amateur éclairé le genre inférieur de son ami.

Le caractère du génie est sa fécondité ; il semble qu'il y ait en lui quelque chose de contagieux, qu'il se communique et se propage. Il découvre, il éclaire d'une lumière soudaine une nuance ignorée de la sensibilité humaine, et la possibilité d'en varier l'expression sans redite, le charme de la nouveauté, rajeunit l'inspiration, multiplie la pensée d'un seul par les différents esprits en qui elle revit et se métamorphose.

Watteau domine la peinture du XVIIIe siècle. Il a des imitateurs directs qui lui empruntent ses sujets, copient sa manière. Il avait connu Lancret chez Gillot, et lui avait conseillé « de se former sur la nature même, ainsi qu'il avait fait » (Gersaint) ; mais, sans y tâcher, par son exemple, par son action, il l'avait formé, à vrai dire, à son image et sur ses propres œuvres. Pater était son compatriote, avait été son élève ; au moment de mourir, on s'en souvient, il le rappela auprès de lui, voulut lui consacrer ses derniers jours. Boucher n'avait pas vingt ans quand de Julienne le chargea de graver les « figures de différents caractères » d'après Watteau, et il garde, dans sa grâce plus apprêtée qu'affadie, parfois la manière, quelque chose du sentiment du maître qu'il ne fait pas oublier. Fragonard, au début de sa carrière, copie les *Fatigues et Délassements de la Guerre*, et ce peintre charmant qui, bien que né en Provence, dans ce pays de la pure lumière, loin de Venise et d'Anvers, se permet d'être un coloriste tour à tour plein de finesse et d'éclat, ce poète de l'ivresse amoureuse, du baiser, des surprises, des demi-violences, des derniers voiles qui s'envolent, par sa facture, par son art de faire jouer les rayons sur les étoffes, sur la chair vive, par ses esquisses brillamment frottées, rappelle le maître de l'*Embarquement pour Cythère*.

Cette influence de Watteau, on a pu la retrouver dans de Troy, dans Charles Coypel, dans Van Loo : mais, — sans parler des imitations directes, des sujets empruntés, de la facture qui rattache désormais l'école française non plus à Bologne, mais à Rubens et aux Vénitiens — n'est-ce pas la grâce de Watteau, son élégance, son sentiment poétique, son âme encore qui, chez tous les petits maîtres, graveurs, aquafortistes, dessinateurs, en dépit de la licence croissante, fait passer un souffle de vie libre, heureuse, sauve de la basse grossièreté par une sorte d'invraisemblance poétique, par je ne sais quoi de rêvé, de chimérique, par ce sourire de l'esprit qui rayonne jusque dans les polissonneries auxquelles le siècle finissant se complaît et s'abaisse ?

La destinée de ce peintre charmant a été mêlée d'étranges vicissitudes ; bien accueilli par les amateurs de son temps ; après sa mort, admiré, plus ou moins imité par les artistes du XVIIIe siècle, que son œuvre inspire ; tombé dans le discrédit, méprisé, honni, quand l'école française, par une réaction légitime en un sens, se prend de visées héroïques et fait concurrence à la statuaire antique avec David dont les élèves criblent de boulettes le chef-d'œuvre du maître, relégué dans une salle d'études de l'Académie ; puis, renaissant à la gloire, poète fêté par les poètes, remis enfin à son rang, au rang de ceux qui ont su découvrir en leur âme et exprimer pour tous une nuance nouvelle de la sensibilité humaine.

TABLE DES MATIÈRES

                                                                       Pages

CHAPITRE I. — LA FAMILLE DE WATTEAU. — GÉRIN, SON PREMIER MAITRE. — IL VIENT A PARIS : AU PONT NOTRE-DAME   7

CHAPITRE II. — LA RENCONTRE AVEC GILLOT. — LA BROUILLE DE L'ÉLÈVE ET DU MAITRE. — WATTEAU CHEZ AUDRAN. — LA PEINTURE DÉCORATIVE. — VOYAGE A VALENCIENNES. — LES PEINTURES FLAMANDES.   18

CHAPITRE III. — LE RETOUR A PARIS. — SIROIS ET LES TABLEAUX MILITAIRES. — PREMIÈRE RENCONTRE AVEC LE FINANCIER CROZAT : LES « SAISONS » — LES AMIS : LE COMTE DE CAYLUS, DE JULIENNE   45

CHAPITRE IV. — LE SÉJOUR CHEZ CROZAT. — LE THÉATRE ET LES FÊTES GALANTES. — WATTEAU CHEZ LE PEINTRE VLEUGHELS. — « LA SERVANTE », LES NUS. — VOYAGE EN ANGLETERRE. — RETOUR. — LE PROBLÈME DE L'«ENSEIGNE» DE GERSAINT. — LES DERNIERS JOURS   68

CHAPITRE V. — CARACTÈRE DE WATTEAU : L'HOMME ET L'ARTISTE. — LE GÉNIE DE WATTEAU. — IL EST UN PEINTRE FRANÇAIS. — SON STYLE : LA POÉSIE DE L'ESPRIT. — SON INFLUENCE SUR LES ARTISTES DU XVIIIe SIÈCLE.   106

www.ingramcontent.com/pod-product-compliance
Lightning Source LLC
Chambersburg PA
CBHW070255230526
45470CB00002B/606